ドイツ倒産法入門

吉野正三郎 [著]

成文堂

はしがき

　平成 8 年に始まったわが国の倒産法制の大改革も、平成17年の新特別清算を規定した「会社法」の成立により、ほぼ終了し、新しい倒産法制の下で倒産事件の処理がなされることになった。和議法は廃止されて民事再生法になり、会社更生法と破産法はかなりの規模で改正され、それぞれ新法が施行されている。倒産五法とよばれ、商法の中に規定されていた会社整理と特別清算については、会社整理の手続が削除され、特別清算は新会社法の中でその内容を一新した。

　かつてわが国の旧破産法と旧和議法に大きな影響を与えてきたドイツでは、約20年間にわたる破産法、和議法の改正論議を経て、1999年 1 月 1 日から「倒産法」（Insolvenzordnung）という法律が施行された。倒産処理手続には清算型と再建型とがあり、立法技術としてはそれぞれの目的に見合った法律を作るやり方と、単一の法律の中で清算型と再建型の倒産手続処理を統合するやり方があるが、ドイツは後者のやり方を採用した。これによりわが国は、わが国の倒産法制の母法であったドイツとは立法技術的には全く異なる方向に歩み出したことになる。

　これまでドイツ倒産法についてはわが国でもその改正論議の開始の当初から詳細に研究されてきて、倒産法が施行されるまでのプロセスについては個々の文献の上で知ることができる。しかし、これらの文献を読んでもなかなか倒産法全体を知ることは容易ではない。個々の木を見る前に、まず森全体を鳥瞰することが必要であり、著者はかかる観点からドイツ倒産法の入門書を執筆してみようと考えた次第である。最近、ドイツ語を履修する学生が少なくなり、ドイツ法それ自体に興味を持つ学生も減っていると聞く。本書がドイツ法とりわけドイツ倒産法に興味を持ち、将来本格的に研究してみようと思う学生諸君の興味関心をひくことになれば幸いである。

本書の後半に、ドイツ倒産法の全条文の逐語訳を掲載したので併せて参照していただきたい。本書を執筆しながら、どの程度詳しく説明したらよいかと時折悩んだが、あくまで入門書というレベルとスタイルに徹することを決意し、最小限の解説にとどめた。

ドイツ倒産法の条文の訳出は、かつて東海大学大学院博士課程にて学び、ドイツ倒産法の研究で博士号を取得した木川裕一郎氏（現中央大学法学部教授）と二人で行なったことがある。その成果は東海法学に連載した。今回、本書に全条文を訳出するにあたり、あらためて専門用語の訳出について検討し、当時東海法学に発表したものと訳文の内容が異なっている部分がかなりある。またドイツ倒産法はその後、かなり改正されたので、その改正条文も本書に掲載することにした。倒産法の条文は、2004年時点でのものである。

ドイツ倒産法は、アメリカ合衆国の破産法典第11章、いわゆるチャプター・イレブンに大きな影響を受け、倒産法の改革の核心である「倒産計画」（Insolvenzplan）は、アメリカ法に範を求めたものである。このことはドイツにおいても比較法研究の成果を立法の中に取り込んでいることを物語っており、今後、われわれの倒産法研究も、アメリカ法とドイツ法の本格的な比較法研究が必要なのかもしれない。いずれにせよ、本書が今後の倒産法研究をめざす若い研究者に少しでも益するところがあればと祈念する次第である。

本書の出版については、成文堂の土子三男取締役にいつもながらの配慮をいただいた。記して謝意を表する。また、原稿の打ち込み、校正の協力をしてくれた秘書の市川志保、菊池絢の両女史に対しても感謝の意を表する次第である。

2007年4月末

吉野正三郎

目　次

はしがき
第一章　倒産法の基礎 …………………………………………………1
　1　倒産法の歴史 ……………………………………………………1
　2　ドイツ倒産法の特徴 ……………………………………………2
　3　倒産処理手続の概要 ……………………………………………4

第二章　倒産手続の関係人 ……………………………………………9
　一　債務者 ……………………………………………………………9
　二　倒産裁判所 ………………………………………………………9
　三　倒産管財人 ……………………………………………………10
　四　倒産債権者 ……………………………………………………11
　五　債権者集会 ……………………………………………………11
　六　債権者委員会 …………………………………………………12
　七　財団債権者 ……………………………………………………13

第三章　倒産手続の開始 ……………………………………………15
　一　倒産手続開始の申立て ………………………………………15
　二　倒産手続の開始原因 …………………………………………15
　三　倒産裁判所の保全処分 ………………………………………16
　四　倒産手続開始の申立てについての裁判 ……………………17

第四章　倒産財団 ……………………………………………………20
　一　倒産財団の意義 ………………………………………………20
　二　管理・処分権の移行 …………………………………………20
　三　倒産財団に関する訴訟・強制執行 …………………………21
　四　倒産管財人と倒産財団の関係 ………………………………22

第五章　倒産債権の確定 …………………………………………24
　一　倒産債権者の意義 ……………………………………………24
　二　倒産債権の届出・調査・確定 ………………………………25
　三　手続終結後の倒産債権者の権利行使 ………………………27

第六章　倒産実体法 ……………………………………………28
　一　取戻権・別除権 ………………………………………………28
　二　倒産否認 ………………………………………………………30
　三　相　殺 …………………………………………………………35
　四　法律行為の履行 ………………………………………………36
　五　倒産手続における労働者の地位 ……………………………39

第七章　倒産手続の終結 ………………………………………41
　一　配当による終結 ………………………………………………41
　二　手続の廃止 ……………………………………………………42

第八章　倒産計画 ………………………………………………44
　一　倒産法改革と倒産計画制度の導入 …………………………44
　二　倒産計画による倒産手続形成の多様性 ……………………45
　三　倒産手続における倒産計画の位置づけ ……………………47
　四　倒産計画の内容構成 …………………………………………48
　五　倒産計画の承認と認可 ………………………………………51
　六　認可された倒産計画の効力と計画履行の監視 ……………56

第九章　特別な倒産手続 ………………………………………59
　一　債務者に対する免責手続 ……………………………………59
　二　自己管理 ………………………………………………………64
　三　消費者倒産手続・少額倒産手続 ……………………………66

目　次　v

第十章　国際倒産 ……………………………………………………68
　　1　ヨーロッパにおける国際倒産法の統一化 ………………68
　　2　ドイツの国際倒産法 ………………………………………77

【資料】ドイツ倒産法〔全訳〕………………………………………83
索　引 …………………………………………………………………194

〈基本参考文献〉

〈邦語参考主要文献〉
　・三上威彦・ドイツ倒産法改正の軌跡（成文堂、1995年）
　・木川裕一郎・ドイツ倒産法研究序説（成文堂、1999年）
　・貝瀬幸雄・国際倒産法と比較法（有斐閣、2003年）
　・山本弘「ドイツ連邦共和国における倒産法改正の試み」（有斐閣、三ケ月章先生古稀祝賀論集（下）・有斐閣、1991年）
　・田代雅彦「ドイツ連邦共和国における倒産実務の研究（上）（中）（下）」（法曹時報52巻1号〜3号、2000年）
　・ライポルト（吉野＝木川訳）「ドイツ倒産法の改正」（東海法学10号、1993年）
　・プリュッテイング（吉野＝安達訳）「ドイツにおける国際倒産の改正」（ジュリスト1020号、1993年）

〈ドイツ語文献〉
　・Balz/Landfermann, Die neuen Insolvenzgesetze. (IDW-Verlag Düsseldorf, 1995)
　・Ulrich Foerste, Insolvenzrecht, 3.Auflage. (Verlag C.B.Beck, 2006)
　・Weinboerner, Insolvenzrecht mit Eu-Übereinkommen. (Haufe Freiburg/Berlin, 1997)
　・Ulrich Keller, Insolvenzrecht. (Verlag Vahlen, 2006)

第一章　倒産法の基礎

1　倒産法の成立

　現行のドイツの倒産法（Insolvenzordnung）は、1994年10月5日に制定されたが、実際に施行されたのは5年後の1999年1月1日からであた。制定と施行との間に5年間もの期間を要した理由は、1989年11月に旧東ドイツ（ドイツ民主共和国）が崩壊し、西ドイツ（ドイツ連邦共和国）に統合され、従来の11の州（Land）に5つの州が新たに加わったが、旧東ドイツと旧西ドイツとの経済的格差が著しく、新たな倒産法を施行するにその準備期間が必要だったからである。

　旧東ドイツが崩壊した後、新しい倒産法が制定されるまでの間、経過的措置として、旧東ドイツの領域では、包括執行法（Gesamtvollstreckungsordnung）という倒産法が制定され、施行されていた。従って現行の倒産法は、1855年の破産法（Konkursordnung）と1935年の和議法（Vergleichsordnung）と、そして包括執行法の三つの法律を一つの法律に統合し、単行の倒産処理に関する法律として制定されたものである。

　ドイツ倒産法の改正作業は、1978年の当時の司法大臣であったフォーゲル（Hans Jochen Vogel）による倒産法改革のための提案書作成作業のための委員会（この委員会は、「倒産法委員会」と呼ばれていた。）の設置に始まる。これは当時のオイルショックの影響により、旧西ドイツでも多くの企業が倒産したが、しかしドイツには倒産した企業又は倒産に瀕した企業を再建するための倒産処理に関する法制度が和議法だけでは不十分であったことから、社会的資本の喪失を回避するために企業再建の機能を有する倒産法を制定しようとする動機に基づいていた。倒産法委員会は、1985年

に第一次報告書を、翌年に第二次報告書をとりまとめ公表した。これら報告書に基づいて、1988年には「討論草案」(Diskussionsentwurf) が作成され、各界の意見照会が行われた。そして1992年4月15日に倒産法改正に関する政府草案（Regierungsentwurf）が法案（Gesetzentwurf）として公表され、議会に上程された後、連邦参議院及び連邦議会における審議を経て、1994年10月5日に正式に「倒産法」として制定され、連邦官報（Bundesgesetzblatt）に告示された。

1855年に制定されたドイツ破産法は当時の立法技術の粋を集めたもので、帝国司法法の「真珠」と称されたものであった。しかしその卓抜した法律もこの倒産法の制定によりその幕を閉じた。倒産法改革のためにフォーゲル司法大臣によって設置された倒産法委員会は、各国の倒産法を比較法的見地から検討し、とくに企業再建について大いなる役割を果たしているアメリカ合衆国の連邦破産法典の第11章の「再建手続」、いわゆるチャップター・イレブンの再建手続を徹底的に検討した。

今回のドイツ倒産法の第六章の「倒産計画」(Insolvenzplan) は、この破産法典の「チャップター・イレブン」という名称で呼ばれるアメリカ式の再建手続に大きな影響を受けたものである。

2　ドイツ倒産法の特徴

1978年の倒産法委員会の設置から1994年の倒産法の制定に至るまでの約15年間の倒産法改革論議において改革の目的とされたのは次の五項目であった。
①倒産処理手続の市場適合性
②倒産処理手続開始の要件の簡易化と適時性
③倒産処理手続における配当の適正性
④個人の倒産における免責制度の導入
⑤一般債権者の地位の向上

特に倒産法の基本的理念として重要なのは、①の倒産処理手続の市場適

合性であった。これは簡単に言うならば、債権者自治（Gläubigerautonomie）の下で出来る限り倒産処理手続の法的規制を緩和し、清算か再建かという基本的方向性の決定のイニシアチブを債権者に委ねようというものである。倒産法における倒産処理手続には、「清算」(Liquidation)、「譲渡による再建」(übertragende Sanierung)、「債務者自身の再建」(Sanierung des Schuldners) の三つのタイプがあるが、たとえ倒産した企業あるいは倒産に瀕した企業の「再建」(Sanierung) のための法規制の導入が今回の倒産法改革の主眼であったとしても、企業の再建が決して自己目的ではなく、清算手続であれ、企業譲渡による再建であれ、要はどの手続が債権者の満足にとって一番適しているかという観点が重要な意味を有するものである。このことを倒産法第1条は、

　「倒産手続は、債務者の財産の換価及び配当を行い、又は倒産計画において特に企業の存続のために異なる規制を定めることにより、債務者の債権者に対して共同の満足を与えることを目的とする。誠実な債務者には、その者の残債務を免除する機会が与えられる。」

と規定している。従って倒産法の目的は債権者の最適な満足の追求にあり、そのための手続として清算手続が適しているのか、あるいは企業譲渡による再建が望ましいのか、さらには債務者自身の事業継続が相応しいのかの決定を債権者自治に委ねたのである。

　ドイツ倒産法は、清算目的であれ、再建目的であれ、倒産処理手続を単行の法律として規定したという点に立法技術上の大きな特徴がある。日本における倒産法制の大改革は、破産法、民事再生法、会社更生法とそれぞれ独立した倒産処理手続の立法化を指向した。倒産処理手続としていずれの立法方法が優れているかの評価は難しいが、企業再建についてアメリカ合衆国の破産法典のチャップター・イレブンの手続に大きな影響を受けたドイツと日本がそれぞれ独自の方向を選択したことは比較法的にみると注目に値すると言えよう。

　ドイツの倒産法制の改革は、1994年の倒産法の制定で終わったわけでは

ない。2001年10月26日付けの倒産法改正法により消費者倒産についての改正がなされ、さらに2003年3月20日には国際倒産改正のための法律が施行された。その後、2003年4月と2004年9月にはさらなる倒産法改正のための草案を連邦司法省は公表している。これらの改正は倒産処理手続の重要な部分を改正するものではないが、しかしドイツの立法当局は小刻みに法改正を繰り返し倒産法の問題点を克服する努力を怠っていないという点は看過してはならない。

3 倒産処理手続の概要

新しい倒産法によりどのように倒産処理手続が展開されるのか、手続の経緯を企業倒産の場合を前提に以下に簡単に概観してみることにしよう。

（1） 倒産手続開始の申立てと保全処分

倒産手続は債務者又は債権者の申立て（Antrag）に基づいてのみ開始される（14条1項）。債権者の申立ては、債権者が倒産手続の開始に対して法律上の利益を有し、かつその者の債権及び開始原因（Eröffnungsgrund）の存在を疎明した場合に限り、許される。実務上は、債務者からの申立てがほとんであるが、その場合には、開始原因の存在を疎明しなければならない。開始原因は、「支払不能」（Zahlungsunfähigkeit）、「支払不能の虞れ」（Drohennde Zahlungsunfähigkeit）、「債務超過」（Überschuldung）である（16条～19条）。

倒産手続開始の申立ては、倒産裁判所である区裁判所（Amtsgericht）に対して行われるが、申立てを受けた裁判所は、申立てについての裁判に至るまで、債務者の財産が処分されたり、債権者から個別的に執行を受けないように各種の「保全処分」（Sicherungsmassnahmen）を下すことができる（21条）。保全処分は、①保全管財人（vorläufiger Insolvenzverwalter）の任命、②債務者に対する一般的処分禁止命令、③債務者に対する強制執行処分の禁止の命令及び仮処分の命令等々である（ただし不動産については除かれる）。

（2） 倒産処理手続の開始決定と各種期日の指定

倒産裁判所は、債務者による申立てについて審理した結果、申立てが必要要件を具備していると考える時は、開始決定（Eröffnungsbeschluss）が下される（27条1項）。倒産裁判所はこの開始決定と同時に倒産管財人（Insolvezverwalter）を選任しなければならず（27条1項）、さらに第一回債権者集会（Gläubigerversanmmlung）の期日を指定しなければならない。この期日を報告期日（Berichtstermin）という。この期日の指定は、6週間を超えないものとし、かつ3か月を超えることは許されない（29条1項）。また開始決定と同時に債権者から届出された債権の調査期日を指定しなければならない。債権届出期間は、2週間以上3か月以内の期間が裁定されることになる。

この倒産手続の開始決定により、債務者が有する財産はすべて倒産財団（Insolvenzmasse）を構成し（35条）、これに対する管理処分権は倒産管財人に移転することになる（80条1項）。

（3） 第1回債権者集会と倒産処理手続の選択

倒産裁判所の開始決定の言渡しと同時に、第1回の債権者集会を行う報告期日が指定されるが、この報告期日において、当該倒産事件が清算手続として処理されるか、更生手続として処理されるか、倒産処理手続の選択がされることになる。この報告期日において、倒産管財人は債務者の経済状況及び倒産の原因を報告し、同時に債務者たる企業の再建の見込みないし可能性、そして配当の内容について詳細に報告しなければならない（156条1項）。

倒産管財人は、倒産財団を換価・配当する清算による方法のほうが債権者の満足にとり有利か、あるいは「倒産計画」による更生の方法を選択するほうが有利かについて報告し、これを受けて企業の存続ないし再建の方向性について債権者集会において決議されることになる。もし倒産計画に基づく再建の方法が選択された場合には、債権者集会は倒産管財人に倒産計画案の作成を委託することになる（157条）。逆に、債務者の解体清算が

決議された場合には、この後直ちに倒産管財人は倒産財団に属する財産を換価する手続に着手することになる（159条）。なおこれら債権者集会における決議は、賛成した債権者の債権額の総額が投票した債権者の債権額の総額の半分を超える時に成立することになる（76条2項）。

（4）　清算による債権者の満足

第1回債権者集会において企業の存続又は再建の方法による配当つまり再建型の倒産処理手続が否決された場合には、倒産管財人は直ちに倒産財団の換価（Verwertung）の手続に着手することになる。倒産管財人はまず開始決定によって占有・管理していた債務者の財産について倒産財団に属する財産の目録（Verzeichnis）を作成しなければならない（151条1項）。不動産の換価については、別除権（Absonderungsrecht）を有する債権者がいても、倒産管財人は、執行裁判所に対して強制競売又は強制管理の申立てをし、通常の執行手続の方法で換価することができる（165条）。動産の換価については、倒産管財人が占有する目的物を任意売却等により任意に換価することができる（166条）。

債権者への配当（Verteilung）は、調査期日における債権調査を経た後に、債権者委員会の同意を得て倒産管財人により実施されるが、倒産財団に配当にあてる現金が十分に確保されてから配当が開始されることになる（187条1項、2項）。配当は、倒産管財人があらかじめ作成した配当表（Verteilungsverzeichnis）に基づいて実施されるが、倒産管財人は債権の総額及び配当額を公告しなければならない。倒産財団に属する財産の換価が全て終了したら、直ちに最後配当が実施されなければならないが、この最後配当には倒産裁判所の同意が必要とされる（196条2項）。倒産裁判所はこの最後配当に同意する場合には、最終の債権者集会の期日を指定しなければならず、この最終の債権者集会に先立って、倒産管財人は、最終決算報告書を倒産裁判所に提出しなければならず、提出された最終決算報告書について倒産裁判所は、税理士や会計士に鑑定をさせ、また債権者委員会に対して意見を求めることができる。

最後配当が実施された場合には、倒産裁判所は、倒産手続の終結（Aufhebung）を決定する。なお換価手続の途中で、財団不足により倒産手続の費用をまかなうことができないと判明すれば、倒産裁判所は直ちに倒産手続を廃止することになる（207条）。

（5） 倒産計画による企業の再建

アメリカ合衆国の破産法典第11章（チャプター・イレブン）の再建計画（plan of reorganization）の制度をモデルにしてドイツ倒産法は倒産計画（Insolvenzplan）による企業再建の倒産処理手続を導入したが、倒産計画は更生的処理のみならず清算的処理のためにも用いることができる。倒産法217条は、「別除権を有する債権者及び倒産債権者の満足、倒産財団の換価及び関係人に対するその配当並びに倒産手続終結後の債務者の責任は、本法に定める規定とは異なって倒産計画において定めることができる。」と規定し、倒産法が定める換価及び配当の方法に拘束されず、自由に倒産計画のなかで債権者の満足の方法を定めることができる。

企業の再建のために倒産計画が用いられる場合には、①倒産した企業の全て又は一部を第三者に譲渡するという企業譲渡による再建の方法と、②倒産した企業を存続再建させ、事業継続の中で得られる収益から債権者へ配当する方法、の二つが考えられる。しかし立法者が期待した倒産計画による再建は、③企業譲渡による再建（übertragende Sanierung）であった。

この倒産計画による再建の見込みについては、倒産裁判所が倒産手続開始決定を下す前の保全処分としての保全管財人の選任の段階で、倒産裁判所は保全管財人に対して「債務者の企業の継続の見込み」（Aussichten für eine Fortführung des Unternehmens）について審査し、報告するよう命ずることができる（22条1項3号）。これにより申立ての段階から、倒産した企業の再建可能性が追求さることになり、さらに開始決定が下され、倒産管財人が任命された場合には、倒産管財人が企業の存続ないし再建の可能性について審査することになり、第1回債権者集会において、倒産管財人がこの点について報告し、最終的には債権者集会において債権者自身が決

議により決定することになる。

　第１回債権者集会において倒産計画による再建の方法が決議された場合には、債権者集会は倒産管財人に対して倒産計画の作成を委託することができる。倒産計画を作成する権限は、債務者と倒産管財人にのみ認められているが、債務者が作成する場合には、倒産手続開始の申立てと同時に倒産裁判所に提出することができる（218条1項）。債権者集会が倒産管財人に倒産計画の作成を委託した場合には、適切な期間内に倒産裁判所に提出しなければならない（同条2項）。

　倒産計画は、「説明部分」（der darstellende Teil）と「権利変更部分」（der gestaltende Teil）から構成される。説明部分では、債権者が倒産計画に同意したり、倒産裁判所が認可したりするための判断の基礎となるべき内容、つまり債務者の財産状況、経営状況、収益状況及び換価方法についての説明が記載されている（220条）。この説明部分においては、債権者に対する配当の原資をどのように調達するか、換価の方法の説明が最も重要な内容となる。「権利変更部分」は、別除権者、倒産債権者、債務者の法的地位の変更が説明されることになる（221条）。

　倒産裁判所は、債務者又は倒産管財人から提出された倒産計画が倒産法に定められている要件を具備しているか否かを審査し、要件が具備していない場合には、職権で却下することになる。倒産計画は、何よりも債権者により受け入れられなければならないので、倒産裁判所はこれを討議させ、かつ議決させるための期日（これを討議及び議決期日という。）を指定しなければならない（236条）。

　倒産計画に債権者及び債務者が同意し、そして倒産裁判所が認可（Bestätigung）して初めてその効力を生ずることになる（248条1項）。倒産計画の認可が確定すると、申し立てられた倒産手続は全て終結することになる（258条1項）。これにより倒産管財人の職務も終了する。

第二章　倒産手続の関係人

一　債務者（Schuldner）

（1）　自然人・法人

　倒産手続は、全ての自然人及び法人の財産（Vermögen）に関して開始することができる（11条1項）。ここでいう自然人とは商人か消費者かは問わない。株式会社（Aktionsgesellschaft）、有限会社（GmbH）のように法人格のある団体だけでなく、組合（Genossenschaft）や合名会社、合資会社のように法人格のない団体（Verein）も法人格ある団体と同等の地位があるとして、倒産能力が認められる（11条）。
　公法上の法人については、原則として倒産能力が認められるが、しかし連邦又は州の財産及び州の監督に属し、州法が定めた場合の公法人の法人の財産については倒産能力は認められない。

（2）　相続財産・夫婦共同財産

　倒産法の第十章は、特殊な倒産手続について特別倒産処理の手続を規定し、相続財産（Nachlass）、継続的夫婦財産共同制の合有財産、夫婦財産共同制の共同管理合有財産についても倒産能力を認めている。

二　倒産裁判所（Insolvenzgericht）

　ドイツでは倒産手続は日本の簡易裁判所に相当する区裁判所（Amtsgericht）が管轄権を有する。債務者は倒産手続開始の申立てをしようとする

場合には自己の普通裁判籍のある地方裁判所の管轄下にある区裁判所に申立書を提出することになる（2条、1条）。ただし、債務者の独立の経済活動の中心がその他の場所にある場合には、その場所を管轄する区裁判所が倒産裁判所となる（3条1項）。

三　倒産管財人（Insolvenzverwalter）

　倒産手続が開始されると、倒産裁判所はまず倒産管財人を選任しなければならない（27条）。倒産管財人は自然人でなければならず、特に債権者、債務者とは独立している経営に詳しい者でなければならない（56条1項）。倒産管財人はただ単に経営に関する知識だけでなく、倒産法、税法、労働法に関する知識も有し、何よりも経験豊富な専門家でなければならない。

　倒産管財人は、倒産裁判所の監督に服し、裁判所はいつでも倒産管財人に対して管財業務の状況及び遂行状況について報告を求めることができる（58条1項）。また倒産裁判所は、重大な理由がある場合に限り、倒産管財人を解任することができ、債権者委員会又は債権者集会の申立てにより職権で解任することができる（59条）。倒産管財人の職務は、配当後の倒産手続の終結により終了する。倒産管財人は倒産手続の終結とともに管財業務遂行についての報酬（Vergütung）及び立替金の償還を請求することができる（63条）。

　倒産管財人が倒産法により課せられている義務に故意又は過失により違反した場合には、全ての関係人に対して損害を賠償する義務を負う（60条1項）。倒産管財人は、自己の法律的行為により生じた財団債務を倒産財団によって完全に履行することができないときは、財団債権者（Massegläubiger）に対して損害を賠償する義務を負う。ただし、財団債務が発生するときに、明らかに財団がその債務の履行をするのに十分ではないことを知り得なかった場合は、この限りではない（61条）。

四　倒産債権者（Insolvenzgläubiger）

（1）倒産債権者の意義

　倒産手続開始時点で債務者に対して債権を有している者で、倒産財団から満足を受ける（つまり弁済を受ける）ことのできる者を倒産債権者という（38条）。ここでいう債権とは、財産請求権（Vermögensanspruch）をいう。この請求権は、倒産手続開始時に成立していなければならない。しかし弁済期未到来の債権は弁済期にあるものと見なされ（41条1項）、解除条件付債権は条件が成就していなくても、倒産手続においては無条件の債権として扱われる（42条）。

（2）劣後的倒産債権者（Nachrangige Gläubiger）

　倒産手続開始以後に生ずる倒産債権者の利息、個々の債権者にその者の手続参加により生じる費用等の債権は、債権者平等主義が制限され、倒産債権者に対する弁済が済んだ後に残余の倒産財団の財産から支払われる債権を「劣後的倒産債権」という。

五　債権者集会（Gläubigerversammlung）

　倒産手続の目的が債権者の共同満足にある限りは、倒産手続における債務者の財産の換価を清算手続で行うか、再建手続で行うかの決定は債権者が自らの判断で行うことにある。つまり倒産手続は債権者自治によって支配される限りは、債権者の意思決定機関がなければならない。これが債権者集会である。この債権者集会には、別除権を有する債権者、倒産債権者が出席すると同時に、倒産管財人及び債務者も出席する（74条1項）。債権者集会は倒産裁判所が招集し、債権者集会の時間、場所及び日程は公告されることになる（同条2項）。通常の倒産手続では、次の三回の債権者集会が開催される。

①報告期日（Berichtstermin）のための債権者集会
②倒産債権の審査期日のための債権者集会
③倒産財団の換価が終了し、最後配当のための債権者集会

　債権者集会は倒産裁判所によって開催されるが（76条1項）、決議は、賛成した債権者の債権額の総計が投票した債権者の債権額の総計の半分を超えるときに成立する（同条2項）。この場合、債権者集会において投票する権限を有する債権者は、まず債権届出が済み、かつ倒産管財人及び他の投票権を有する債権者のいずれもが争わない債権を有する者である。ただし劣後的債権者には投票権は認められない（77条1項）。停止条件付債権の債権者及び別除権を有する債権者は投票権が認められる（同条2項）。

六　債権者委員会（Gläubigerausschuss）

　倒産手続に対する債権者の影響力をより強化するために、債権者の中から代表者を選出し、債権者委員会という組織を設置することが認められる（67条）。債権者集会は、債権者委員会を設置するか否かを決定するが（68条1項）、倒産裁判所の側で第一回債権者集会の前に債権者委員会を設置することができる（69条1項）。この場合には、債権者集会においてすでに設置されている債権者委員会を存続させるか否かを決定することになる。

　債権者委員会においては、別除権を有する債権者、高額の債権を有する倒産債権者及び少額の債権者は出席できる。債権者でない者も債権者委員会の委員に任命することができる（67条2項）。債権者委員会は、倒産管財人の業務遂行を援助し、かつ監督しなければならない。委員は業務の経過について情報を収集し、かつ会計帳簿及び業務用書類を閲覧すること及び金銭の収支ならびに金銭残高を検査することができる。債権者委員会の決議は、構成委員の過半数が表決に参加し、かつ決議が投票の過半数でなされたときに成立する（72条）。

債権者委員会は倒産管財人に対する監督が重要な課題であるが、とくに倒産管財人が倒産手続にとり特に重要な法律的行為（Rechtshandlungen）を行う場合に、債権者委員会の同意を得なければならない。債権者委員会が設置されていない場合には、債権者集会の同意が必要となる（160条1項）。ここでいう重要な法律的行為とは、①企業あるいは事業組織体、全在庫商品、自由取引での不動産、継続的結合が債務者の企業の利益になる他の企業に対する債務者の持分、又は回帰的収益に関する権利が譲渡されるとき、②倒産財団にとり著しい負担となる借入をなすとき、③高額の訴額の訴訟を係属させ、又は受継するとき、このような訴訟の受継を拒絶するとき、又はかかる訴訟の解決又は回避のために和解又は仲裁契約を締結するとき、である。

七　財団債権者（Massegläubiger）

　債権者平等主義の原則は、財団債権者には適用されない。財団債権者は、全額につき優先的に倒産財団より支払いを受けることができる（53条）。財団債権は、倒産手続に関する費用請求権及び倒産手続に関し又は倒産手続の係属中に発生した債権をいう。
　ここでいう倒産手続の費用とは、①倒産手続のための裁判所の費用、②保全管財人、倒産管財人及び債権者委員会の構成員の立替金及び報酬をさす（54条）。その他に以下の債務も財団債務となる（55条）。
　①倒産管財人の行為により又は他に倒産財団の管理・換価及び配当により生じた債務で、倒産手続の費用に属しないもの。
　②双務契約に基づく債務で、倒産財団に対し履行が求められるか又は倒産手続開始後の分につき履行されないもの。
　③財団の不当利得に基づく債務。
　なお債務者の財産についての処分権限が保全管財人によって生ぜしめられた債務は、手続の開始後は財団債務となる。継続的債務関係に基づく債

務は、保全管財人がこの者によって管理される財産について反対給付を請求した場合も同様である（同条2項）。

第三章　倒産手続の開始

一　倒産手続開始の申立て

　倒産手続は、職権で開始されるのではなく、申立て（Antrag）によって開始される（13条1項）。申立ては、債権者及び債務者がその権限を有するが、債権者は、倒産手続の開始に対して「法律上の利益」（ein rechtliches Interesse）を有し、かつその者の債権及び開始原因を疎明することが必要となる。法人又は法人格のない会社の財産については、債権者のほか、代表機関の各構成委員、法人格のない会社又は株式合資会社の場合には、無限責任を負う各社員、及び清算人が申立権限を有する（15条1項）。

二　倒産手続の開始原因

　倒産手続の開始は、開始原因つまり倒産原因（Insolvenzgrund）の存在が前提となる（16条）。自然人及び法人に共通する倒産原因は、支払不能（Zahlungsunfähigkeit）と支払不能の虞れ（Drohende Zahlungsunfähigkeit）である。支払不能の意義は日本法と同じで、債務者が期限の到来している支払義務を履行することができない時に支払不能となる。債務者がその支払を停止したときには支払不能が認められる（17条）。支払不能の虞れとは、債務者が支払義務を履行期到来時に履行できないことが予想される場合を指す（18条2項）。

　法人とくに株式会社については、債務超過（Überschuldung）も倒産原

因とされている（19条1項）。債務超過とは、債務者の財産では現存の債務を賄えないことを意味するが、債務者の財産を換価する場合に、企業の継続が諸事情から優越的蓋然性をもって見込まれる場合には、債務者の財産の換価に際してこれを基礎とすることができる（同条3項）。つまり企業継続が見込まれ、それによって弁済のための原資が生み出される場合には、その可能性も考慮して債務超過か否かを決定することができる。

三　倒産裁判所の保全処分（Sicherungsmassnahmen）

1　一般的処分禁止

　倒産裁判所は、債務者又は債権者からの倒産手続開始の申立てがあった場合には、申立てについての裁判に至るまである程度の時間が要することから、開始決定に至るまでに債務者の財産が散逸ないし減少しないように、債務者の財産状況の保全のための処分を行うことができる（21条1項）。保全処分の具体的内容としては、次のとおりである（同条2項）。
　①保全管財人の任命
　②債務者に対する一般的処分禁止命令
　③債務者に対する強制執行の禁止、仮処分の命令（ただし不動産については除外される。）
　これら処分禁止命令に違反した全ての処分行為は絶対的に無効である。

2　保全管財人の任命

　倒産手続の開始決定がなされる場合には、倒産管財人が任命され、債務者の所有に属する財産は全て倒産財団に属し、倒産管財人がこの倒産財団に属する財産を管理し、かつこれを処分する債務者の権利は倒産管財人に移転するが（80条1項）、この倒産手続の開始決定が倒産裁判所により下されるまでは一定の時間を要することになる。そこで倒産手続の申立てから開始決定に至るまでの期間は保全管財人が倒産管財人がなすべき行為を

行うことになる。つまり保全管財人が任命され、かつ債務者に一般的処分禁止命令が下された場合には、債務者の財産に関する管理及び処分の権限は保全管財人に属することになる。この場合には保全管財人は以下の権限を有する（22条1項）。

　①債務者の財産の保全及び保管
　②債務者の著しい財産の減少を防ぐために債務者が営む企業の倒産手続の開始についての決定までの継続
　③債務者の財産が手続の費用を償うか否かの審査。さらに開始原因の存否及び債務者の企業の継続の見込みについて、保全管財人を鑑定人として任命することができる。

保全管財人には「権限の強い保全管財人」と「権限の弱い保全管財人」の二つのタイプがある。前者は保全管財人の任命と同時に倒産裁判所が債務者に「一般的処分禁止命令」下す場合であり、この場合には保全管財人の権限は倒産法22条1項1号～3号に規定されているが、一般的処分禁止命令が下されないで保全管財人が任命される場合には、その権限ないし義務は個別に倒産裁判所により定められることになる（同条2項）。

四　倒産手続開始の申立てについての裁判

1　開始決定の要件

　倒産裁判所が倒産手続開始の申立てを認める決定を下す場合には、①倒産原因の存在（34条1項）、②倒産手続の費用を賄うに必要な倒産財団を構成する債務者の財産の存在（26条1項）、の二点について審査し、それら要件が充足されなければならない。そのいずれの一つでも欠けていれば倒産裁判所は申立てを却下することになる。この却下の決定に対しては、即時抗告の不服申立てをすることができる（34条）。

2 手続費用

　たとえ倒産原因が存在するとしても、債務者の財産が倒産手続に要する費用を賄うに十分でないということが見込まれる場合には、倒産裁判所は財団不足（mangels Masse）を理由として申立てを却下しなければならない（26条1項）。ただし、十分な費用が予納される場合には、却下はされない。予納金を支払った者は、会社法の規定に反して倒産手続開始の申立てを不法かつ有責に懈怠した者に対して、予納金の償還を請求することができる（26条3項）。

　ここでいう費用とは、裁判所の費用、倒産管財人の報酬及び業務遂行上の立替金をいう（54条）。企業の倒産手続開始の申立ての場合には、早い段階で費用を償うに十分な倒産財団が存するか否かを確定することは難しい。なぜならば企業が継続することにより費用を捻出することが可能な場合もあるからである。そこで保全管財人に債務者の財産が倒産手続の費用を償うに十分か否かについて裁判所に報告させることができる（22条1項3号）。

3 倒産手続開始の決定

　倒産裁判所は、倒産原因の存在及び倒産手続費用の存在が疎明された場合には、開始決定（Eröffnungsbeschluss）を下すことができる。この開始決定と同時に倒産裁判所は倒産管財人（Insolvenzverwalter）を選任する（27条1項）。開始決定においては、債権者に対してその者が有すると主張する債権を一定の期間内に倒産管財人に対して届け出るよう催告しなければならない（174条1項）。この場合の届出期間は、2週間以上、3か月以内の期間で決定しなければならない（28条1項）。

　倒産裁判所は、開始決定において、倒産管財人の報告を基礎として倒産手続の続行を決定する債権者集会の期日（これを報告期日という。）を指定し、さらに届出債権を調査する債権者集会の期日（これを調査期日という。）を指定しなければならない。この二つの期日は併合することができ

る。

　倒産裁判所の事務課（Geschäftsstelle）は、開始決定を直ちに官報に公告しなければならない。開始決定には、①債務者の商号又は姓名、業種又は仕事、営業上の支店又は住居、②倒産管財人の氏名及び住所、③倒産手続開始の時間、を記載しなければならない（27条2項）。

4　倒産手続開始の効果

　倒産手続の開始により、債務者に属していた財産は倒産財団（Insolvenzmasse）に属することになる。これにより債務者は自己の財産に関する処分権限を失うことになる。倒産財団を構成する財産については倒産管財人が管理処分権を有することになる。

　倒産手続の開始によりそれまで裁判所に係属していた倒産財団に関する民事訴訟は中断することになる（民訴法240条）。

　倒産手続の開始により、債務者には全ての倒産手続に関する関係について、情報提供義務（Auskunftspflichten）及び協力義務（Mitwirkungspflichten）が課せられる（97条）。

第四章　倒産財団

一　倒産財団の意義

　倒産手続は、倒産手続開始時に債務者に帰属しかつ債務者がこの倒産手続中に取得する全財産を対象とするが、これを倒産財団（Insolvenzmasse）という。倒産財団に属する財産は債権者への配当の原資となるものであり、倒産手続において換価の対象となる。倒産財団に属する財産は差押えが可能でなければならないが（36条1項）、民訴法811条4号及び9号により強制執行が許されない物も倒産財団に属する（36条2項2号）。所有権、抵当権といった物的権利（dingliche Rechte）や特許権や著作権といった無体財産権も倒産財団に属する。

二　管理・処分権の移行

　倒産手続の開始により、倒産財団に属する財産を管理し、かつこれを処分する債務者の権利は、倒産管財人に移転する（80条1項）。債務者が倒産手続開始後に倒産財団に属すべき目的物を処分した場合には、この処分は無効となる（81条1項）。倒産手続開始の当日に債務者が目的物を処分したときは、手続開始後に処分したものと推定される（81条3項）。債務を倒産財団に対して履行すべきであったにもかかわらず、債務の履行として債務者本人に対して給付の履行をした場合には、給付をした債務者は、給付時に倒産手続開始の事実を知らなかった場合には、履行は有効となり

倒産財団に対する履行を免れる。ただし反対給付の履行者が倒産手続開始の公告前に給付をなした場合には、開始を知らなかったものと推定される（82条）。

倒産管財人は、倒産手続開始後に倒産財団に属するすべての財産を直ちに占有及び管理をしなければならない（148条1項）。倒産管財人は倒産財団に属する個々の目的物の目録（Verzeichnis）を作成しなければならない（151条1項）。そして個々の目的物についてその物の価値を表示しなければならない（同条2項）。さらに倒産管財人は、債務者の帳簿及び業務用書類、債務者のその他の記載物、債権者の債権の届出書、又は、その他の方法によりその管財人が知っていた債務者の全ての債権者の一覧表を作成しなければならない（152条1項）。

倒産管財人は、倒産手続の開始時を基準として倒産財団の目的物及び債務者の債務を表示し、その相互を対照する整理された一覧表を作成しなければならない（153条1項）。そしてこの財産一覧表は、倒産財団目的物の目録、債権者表とともに、関係人の閲覧に供するために遅くとも報告期日の1週間前に倒産裁判所の書記課に備え置かなければならない（154条）。

倒産管財人は、報告期日において債務者の経済状態及びその状況の原因について報告しなければならないが（156条1項）、報告期日後には遅滞なく倒産財団に属する財産を換価しなければならない（159条）。倒産管財人は、倒産財団に属する目的物に別除権がある場合であっても、管轄権のある裁判所において倒産財団の不動産の強制競売又は強制管理を行うことができる（165条）。動産の換価については、倒産管財人自らが換価することができる（166条）。

三　倒産財団に関する訴訟・強制執行

倒産手続開始時に、債務者が原告として係属している倒産財団に属する財産に関する訴訟は、その訴訟の状態を維持したままで倒産管財人が受継

することができる (85条1項)。これに対して、倒産手続開始時に債務者を被告として係属している訴訟は、それが、①倒産財団からの目的物の取戻し、②別除的満足、③財団債務、のいずれかに関するときは、倒産管財人並びに相手方は受継することができる。

倒産債権者が倒産手続の開始を求める申立ての1か月以内又はその申立後に強制執行により倒産財団に属する債務者の財産に対して担保 (Sicherung) を取得した時は、この担保取得は、倒産手続開始と共に無効となる (88条)。

倒産債権者による権利行使としての強制執行は、倒産手続の係属中においては、倒産財団及び債務者のその他の財産に対しても禁止される (89条1項)。さらに雇用関係に基づく給付又はこれに代わる継続的な給付を求める将来の債権に対する強制執行も、倒産手続の係属中においてはこれは許されない (同条2項)。これらの強制執行の許容性について提起された抗弁については倒産裁判所は裁判しなけれならないが、強制執行を担保を供して又は担保を供することなしに仮に停止し、又は担保を供する場合にのみ強制執行を続行すべきことを命ずることができる (同条3項)。

倒産財団の目的物に対する権利は、債務者の処分及び倒産債権者のための強制執行に基づかないときには、これを倒産手続開始後に有効に取得することはできない (91条1項)。

倒産管財人の法律的行為によらないで生じた財団債務に基づく強制執行は、倒産手続開始より6か月間は許されない (90条1項)、ただし管財人が履行を選択した双務契約から生じる債務は財団債務とはみなされない。

四　倒産管財人と倒産財団の関係

わが国でも破産法において破産管財人と破産財団の関係をどのように理論的に把握するかについて諸説が対立しているが、ドイツ破産法においても同様の学説対立があった。新しい倒産法においても倒産管財人と倒産財

団の関係をどのように把握するかについて見解が対立している。

　もちろん倒産財団との関係だけでなく、債務者、倒産債権者及び倒産裁判所との関係も問題となる。しかしドイツでは、一つの学説で個々の問題が全て統一的に説明できるのではなく、むしろ問題ごとに個別に説明すべきであるという見解も次第に通説になりつつある。

　学説では、「債権者代理人説」、「債務者代理人説」、「機関説」そして「職務説」の四説が対立している。債権者代理人説は、倒産管財人を債権者の代理人又は機関とみる見解で、これは倒産手続が債権者の利益のために行われるということから説かれる見解であるが、最近ではもはや支持者は極めて少数である。

　「債務者代理人説」は、倒産管財人を債務者の代理人と見る見解であるが、これは債務者の責任が倒産財団に限定されるということに基づいている。しかし「債権者代理人説」に対する批判と同様に、倒産管財人は特定の関係人の利益のために職務を遂行するのではなく、倒産債権者のためにもまたその手続遂行のためにも職務をおこなっているという多面性を軽視している点で問題がある。

　「機関説」は、倒産管財人の機関性という点を認め、倒産管財人に法主体性（Rechtssubjekt）を付与し、倒産財団に限定される倒産管財人の行為の全ての効果を実務的に理由づけようとする見解である。これに対しては、ドイツ法上は、法主体性はあくまで自然人ないし法人格を有する団体に認められるのであって目的物それ自体を代理するということは認められないとする批判がある。

　「職務説」は、倒産管財人は自己の法律上の職務に基づいて自己の名前において倒産財団の有利にも不利にも、また債務者の有利にも不利にも行為をすると考える見解である。

第五章　倒産債権の確定

一　倒産債権者の意義

　倒産手続は一言で言えば債務者が所有する財産つまり倒産財団を換価し、債権者とりわけ倒産債権者を満足させるための手続である。これについて倒産法38条は、「倒産財団は、倒産手続開始時に根拠を有する債務者に対する財産請求権を有する個人債権者（倒産債権者）の満足に供する。」と規定している。倒産法以外では、債権者は裁判手続（民事訴訟）によって債務者に対して債権があるということを確定した上でないと、つまり債務名義を取得した上でないと強制執行により満足を受けることができない。しかし倒産手続においては、倒産債権者は倒産管財人に対して倒産債権の届出をし、それについて異議がなければ債権表（Insolvenztabelle）に倒産債権が記載され、それによって倒産債権は確定することができる（175条）。

　倒産手続開始時にまだ弁済期が到来していない債権であっても、倒産手続においては、弁済期にあるものとみなされ（41条1項）、解除条件付きの債権は、条件が成就しなくても倒産手続においては無条件の債権と同じく扱われる（42条）。

二　倒産債権の届出・調査・確定

1　倒産債権の届出

　倒産手続が倒産裁判所の開始決定により開始される場合には、開始決定においては、債権者に対して一定期間内に倒産管財人に対してその者が有すると主張する債権を届け出るよう催告することができる（28条1項）。倒産裁判所は、開始決定において届出債権を調査する債権者集会の期日（これを調査期日という）を指定しなければならない（29条1項2号）。

　倒産債権者は、自己の債権を倒産管財人に対して書面により届け出なければならないが、この届出書には債権の存在を明らかにする証書の写しを添付しなければならない（174条1項）。倒産債権者はこの債権届出に際しては、債権の原因及び金額を示さなければならない。倒産管財人は、各届出された債権を債権表（Tabelle）に記載しなければならない。この債権表は、届出及び添付された証書を添付して、届出期間の経過と調査期日の間の最初の3分の1の期間内は倒産裁判所の書記課に関係人の閲覧のために備え置かなければならない（175条）。

2　倒産債権の調査

　倒産手続開始決定において倒産裁判所は届出債権を調査するための債権者集会の期日つまり調査期日（Prüfungstermin）を指定するが（29条1項2号）、この調査期日においては、届け出られた債権をその額及び順位について調査する。債務者又は倒産債権者が争う債権については、倒産管財人はこれを個別に討議しなければならない（176条）。この調査期日は、債権届出期間経過後1週間以上、2か月以内に実施されなければならない（29条1項1号）。

　調査期日においては、届出期間の経過後に届け出られた債権も調査しなければならない。ただし倒産管財人又は倒産債権者がこの調査に異議を述

べたか、又は債権が調査期日後に初めて届け出られるときは、倒産裁判所は、遅滞した者の費用負担により特別の調査期日を定めるか、又は書面手続による調査を命ずるかのいずれかをしなければならない（177条1項）。

3 倒産債権の確定

　倒産管財人に対して届けられた債権は、倒産管財人及び倒産債権者のいずれもが調査期日または書面手続において異議（Widerspruch）を述べないか、又は異議がのべられてもそれが排除される場合には、確定したものとみなされる（178条1項）。倒産裁判所は、届け出られた各債権につき、債権額及び債権順位がどの範囲で確定されているか、又は誰が異議を述べたかについて債権表に記載する（同条2項）。債権表への記載は、確定された債権について、その債権の額及び順位により倒産管財人及び全ての倒産債権者に対して確定力ある判決と同一の効力を有する（同条3項）。
　債権が倒産管財人又は倒産債権者によって争われるときは、その債権の存在を主張する者に確定責任があり、争われる債権につき執行力ある債務名義又は終局判決があるときは、その債権を争う倒産管財人又は倒産債権者が異議の訴えを提起しなければならない（179条1項、2項）。これら債権確定の訴えは、通常の民事訴訟によって提起しなければならないが（民訴法256条）、この訴えについては倒産手続が係属しているか又は係属していた区裁判所が専属的に管轄権を有する。訴訟物が区裁判所の管轄権に属さない場合には、地方裁判所が専属的に管轄権を有する（180条1項）。債権を確定し又は異議に理由がある旨を宣言する確定力ある裁判は、倒産管財人及びすべての倒産債権者に対して効力を有する（183条1項）。勝訴した当事者は、倒産裁判所に債権表の更正を申し立てる義務を負う（同条2項）。　債務者が調査期日又は書面手続において（177条）債権を争うときは、債権者は、債務者に対して債権の確定を求める訴えを提起することができる（184条）。

三　手続終結後の倒産債権者の権利行使

① 倒産債権が確定されることにより、つまり債権表への記載により、その債権の額及び順位により倒産管財人及び全ての倒産債権者に対して確定判決と同一の効力が生ずる（178条3項）。そして最後配当の実施により、債権者は債権の満足を受けることになるが、しかし倒産手続の終結により全ての債権が消滅するわけではない。倒産債権者は倒産手続の終結後にその残余財産を債務者に対して無制限に行使することができる（201条1項）。但しこれは債務者が自然人に限られ、しかも免責の決定が下されていない場合に限られる（同条3項）。

② この手続終結後の倒産債権者の権利行使については、執行名義（Vollstreckungstitel）が必要であるが、倒産債権者がすでに債権調査期日において債権が認められ、債権表に記載されている場合には、これ自体が確定判決と同一の効力を有するわけであるから、あえて民事訴訟を提起し、確定判決を取得する必要がない。問題は、債務者が債権調査期日において異議を申し述べている場合である。債権の調査期日又は書面手続において債務者が届け出られている債権について争う場合には、債権者は債務者に対して債権確定の訴えを提起しなければならないが（184条）、この訴訟において債務者の異議が排斥されていなければ、手続終結後の倒産債権者は確定判決なしに強制執行をすることはできない（201条2項）。

第六章　倒産実体法

一　取戻権・別除権

1　取戻権（Aussonderung）

　倒産財団に組み入れられている財産につき、所有権等の物的権利（dingliche Rechte）に基づき倒産財団からの取り戻しを主張する者はその権限を主張することにより取り戻すことができる。第47条は、「物的又は人的権利に基づいて目的物が倒産財団に属しないことを主張する者は倒産債権者ではない。目的物の取戻しを求めるその者の請求権は、倒産手続外において適用のある法律に従って定まる。」と規定している。例えば債務者に賃貸した物件、あるいは盗難された物件について、所有権者はその返還を請求することができる。しかしながら当該物件について債務者がまだ占有権限を有する場合には（民法986条）、取戻請求権は認められない。
　取り戻しを求めることができたはずの目的物が倒産手続開始前に、債務者により又は開始後に倒産管財人に権限なくして譲渡されたときは、取戻権利者は、反対給付が履行されない限りは、その代償として反対給付を求める権利の譲渡を倒産管財人に対して請求することができる。これを代償的取戻という（48条）。

2　別除権（Absonderung）

　取戻権者は、倒産財団から目的物それ自体の引渡しを要求することができるが、別除権者は債務者の責任財産たる倒産財団に組み入れられている

特定の目的物から優先的満足を受けることができる（170条1項2文）。別除権者は、倒産債権者として扱われるのではなく、倒産手続によらずに優先的満足を受けることができる。この点については、第49条は、「不動産への強制執行に服する目的物（不動産目的物）から満足を受ける権利を有する債権者は、強制競売及び強制管理に関する法律の規定により別除的満足を受ける権限を有する。」と規定している。

動産については、第170条1項は、「目的物の確定費用及び換価費用は、倒産管財人による動産又は債権の換価の後に、倒産財団のために先立って、これを控除しなければならない。残余の金額から、別除権を有する債権者は遅滞なく満足を受けることができる。」と規定し、倒産手続においても別除権の目的物についての換価及び換価利益の配当を認めている。

①不動産に対する別除権

不動産（unbewegliche Gegenständen）に対する別除権は、第49が規定しているが、この規定は、民訴法864条により不動産執行の対象となる全ての権利に適用される。不動産のほかに地上権（Erbbaurecht）、独立した建物所有権、共有権（Miteigentum）等々である。

②動産に対する別除権

動産（bewegliche Gegenstände）に対する別除権は、第50条が規定するが、ここから満足を受けるものはまず法律行為により設定された民法1204条による質権（Pfandrecht）並びに同法1273条による債権に対する質権である。これら質権は倒産手続開始前に有効に設定されていなければならない。

③特別の別除権

第51条は特別の別除権について規定しているが、特に第1号の「債務者が請求権の担保のために動産を譲渡したか又は権利を譲渡した債権者」とは、倒産法の発展において判例及び学説により経済的見地から認めてきたものが倒産法の中で採用されたものである。とくに譲渡担保（Sicherungsübereignung）と所有権留保（Eigentumsvorbehalt）が問題となる。

譲渡担保の対象は債権の譲渡又は既存の債権についての担保のための目的物の譲渡をいうが、経済的には譲渡担保は占有のない物ないし債権についての質権みたいなものである。従って譲渡担保は倒産手続においてはあたかも譲渡担保権者が物の所有者であるかのように扱う。ここでは所有権は質権に類似した性質を有するものである。

譲渡担保権者が倒産した場合には、譲渡担保提供者が自己の物について取戻権を有する。譲渡担保提供者が倒産した場合には、譲渡担保権者にとっては原則として換価の問題が生ずることになる。しかし譲渡担保は占有なき質権と同じであるから、質権のように扱われる。つまり譲渡担保権者は、51条1号により別除権を主張しうるだけである。

所有権留保は、買主が売買代金の全額を支払うまでは売買目的物の所有権は売主に留保されるものであるが、これは103条の双方未履行の双務契約における倒産管財人の選択権行使の問題になる。同条1項によれば、債務者及び相手方が倒産手続開始時に双務契約を共に履行していないか又は完全に履行していない場合には、倒産管財人は債務者に代わりその契約を履行し、又は相手方に履行を請求することができる。逆に倒産管財人が履行を拒否するときは、相手方は、不履行に基づく債権を倒産債権者としてのみ主張することができる。

従って所有権留保の問題は、倒産手続においては、取戻権又は別除権の問題ではなくして契約履行の問題として扱われることになる。ただし倒産管財人が相手方に対して契約の履行がされていないか又は完全に履行していない場合に限り、売買目的物について取戻権又は別除権の問題として扱われることになる。

二　倒産否認

1　倒産否認制度

倒産債権者の満足は、債務者の財産の減少により配当が減額されること

になるが、債務者が倒産手続開始後に倒産財団の目的物を処分したときはこの処分は無効にし（81条1項）、債務者の処分及び倒産債権者のための強制執行に基づかないでなされたときも、倒産財団の目的物に対する権利は、倒産手続開始後に有効に取得することはできない（91条1項）、という対応によりこの債務者の財産の減少を防止している。しかしながらより直接的に倒産財団に属するべき目的物が処分される行為については一定の要件の下で倒産管財人が取り消すことができる制度が倒産否認（Insolvenzanfechtung）である。

2 倒産否認の一般的要件
（1） 否認の対象

倒産管財人による否認の対象となるものは、倒産手続開始前になされかつ債権者に不利益を及ぼす法律的行為（Rechtshandlung）である（129条1項）。ここでいう「法律的行為」とは、法律効果を伴う意思活動の全てをいう。なお不作為も法律的行為とみなされる（同条2項）。否認の対象となる行為は、債務者の行為又は他の者の行為（例えば倒産債権者など）である。契約締結や解約告知といった法律行為（Rechtsgeschäft）、督促、期間の設定といった法律行為的な行為、さらには訴訟行為（Prozesshandlungen）も対象となる。

問題になるのは倒産手続開始決定前の保全管財人による行為である。129条1項は、倒産手続開始前に行われ、倒産債権者に不利益を与える法律的行為は倒産管財人が否認することができることになっているが、保全管財人が債務者に対して財産処分行為について同意を与えた場合、これが後になって倒産管財人が倒産債権者にとって不利益になる行為であるとして否認することができるか、ということが問題になる。これについては、「弱い保全管財人」と「強い保全管財人」とを区別し、保全管財人の任命と同時に債務者に対して一般的処分禁止命令が課せられている「強い保全管財人」の場合には（22条1項）、保全管財人が同意した債務者の財産処

分行為について否認することはできないが、「弱い保全管財人」（22条2項）の場合には、否認される場合がある。

否認の対象となるのは、倒産手続開始前に行われた行為に限られる。倒産手続開始後の債務者の財産処分行為は、そもそも無効とされるので否認するまでもない（81条1項）。なお法律的行為はその法律的効果が生じる時点において行われたものとみなされる（140条1項）。

（2）債権者の不利益

否認の対象となるのは、倒産債権者に対して不利益を与える行為に限られる。不利益（Benachteiligung）は間接的なものでなければならない。法律的行為は債権者の満足の可能性を悪化させるものでなければならない。直接的な不利益は、否認を正当化することになる（132条1項）。

現金による取引は不利益にはならない。債務者が譲渡したものについて補償が得られ、その結果、財産的価値が保持される限りは不利益にはならない。

3　否認の原因

（1）否認の原因の種類

全て不利益行為が否認の対象となるわけではない。これに加えて否認の原因が必要となる。倒産の原因には、一般要件としての故意否認（Vorsatzanfechtung）（133条）及び無償贈与否認（Schenkungsanfechtung）（134条）と倒産手続の場合にのみ適用される特別要件（130条～132条、135条以下）とがある。

否認の要件の立証責任は原則として否認を主張する側つまり倒産管財人の側にある。

（2）故意否認

故意否認は、債務者が債権者に不利益を与えることを認識して行為をした場合にその行為は否認しうる。これについて133条1項は、「債務者が、倒産手続開始申立前の10年以内又は開始申立後に故意に債務者の債権者に

不利益を与える法律的行為は、相手方が行為時に債務者の故意を認識していたとき、これを否認することができる。債務者が支払不能の虞があること及びその行為が債権者に不利益を与えることを相手方が認識していたときは、この認識は推定される。」と規定している。さらに債務者と一定の緊密な関係にある自然人が債務者との間で締結した債権者に直接に不利益を与える有償の契約もこれを否認することができる。ただしこの契約が開始申立前2年より以前に締結されていたとき、又は相手方が契約締結時に債権者に不利益を与える債務者の故意を認識していなかったときは、これを否認することはできない（同条2項）。

ドイツの倒産法は、債務者が自然人である場合に、債務者と一定の「緊密な関係にある者」（nahestehende Personen）については否認要件の立証を緩和している。例えば、債務者の配偶者、債務者の配偶者の尊属及び卑属にあたる親族、債務者と共同生活を行っている者等である（138条1項）。

（3）　無償給付

債務者の無償給付（Unentgeltliche Leistung）は直ちに否認することができる。ただし給付がわずかな価値しかない儀礼的贈答を内容とするときは除く（134条）。この無償給付が倒産手続開始より4年以上も前に行われた場合には否認することはできない。

（4）　本旨弁済

債務者が債権者に対して債務の履行として弁済した場合や担保を提供したというようないわゆる「本旨弁済」（kongruente Deckung）の法律的行為については、①法律的行為が、倒産手続開始申立前の3か月以内に行われ、債務者が行為時に支払不能であり、債権者が本旨弁済を受ける時に支払不能を認識していた場合、②法律的行為が開始申立後に行われ、債権者が行為時に支払不能又は開始申立を認識していたときは、否認することができる（130条1項）。ここでいう支払不能又は開始申立の認識は、支払不能又は開始申立を確実に推認させる事情の認識と同じに扱う（同条2項）。

行為時に債務者と緊密な関係にあった者（138条）に対しては、その者が支払不能又は開始申立を認識していたものと推定される（130条3項）。

（5）非本旨弁済（Inkongruente Deckung）

倒産債権者に担保を提供したり弁済をした場合、又はこれらを可能にした法律的行為にしてその者が請求することができなかったか又はその者がその方法によって又はその時期において請求することができなかった法律的行為について、①その行為が倒産手続開始申立前1か月以内又はその申立後に行われたとき、②その行為が開始申立前の2か月目から3か月目にかけておこなわれ、債務者が行為時に支払不能であったとき、③その行為が開始申立前の2か月目から3か月目にかけておこなわれ、債権者が行為時にその行為が倒産債権者に不利益を与えることを認識していたとき、のいずれかに該当する場合には、否認することができる（131条1項）。

「非本旨」か否かは、債権者が請求する権限を有するか否かによって決まる。例えば債権が消滅時効にかかっている場合、契約が無効である場合であるが弁済として債務者が債権者に履行した場合が非本旨弁済となる。

非本旨弁済については、三種類の時間的区切りが設定されている。①第1号は、開始申立前3か月以内か又は開始申立後に弁済が行われた場合であり、②第2号は、開始申立前2か月から3か月以内に弁済が行われた場合で、行為時に債務者が支払不能であった場合である。③第3号は、開始申立前2か月から3か月以内に弁済が行われた場合で、債権者が行為時に倒産債権者に不利益を与えることを認識していた場合、の三種類である。第3号の不利益の認識の要件については倒産管財人がそれを立証することは難しい。そこで同条2項は、「倒産債権者に不利益を与えることの認識は、不利益を与えることを確実に推認させる事情の認識と同様とする。行為時に債務者と緊密な関係にあった者に対しては、この者が倒産債権者に不利益を与えることを認識していたものと推定する。」として倒産管財人の立証負担を二重に緩和している。

三　相殺（Aufrechnung）

　倒産法は、民法上の相殺について、「倒産債権者が倒産手続の開始時において法律により又は合意に基づいて相殺する権利を有するときは、この権利は倒産手続により影響を受けない」（94条）として、倒産手続開始時に相殺適状にある場合には、相殺を認めている。相殺の要件は、民法387条以下の規定により規律されているが、①相互性（Gegenseitigkeit）、②同等性（Gleichartigkeit）、③弁済期到来（Fälligkeit）、④反対債権の履行可能性（Erfüllbarkeit）、の四つが基本要件である。

　倒産手続における相殺適状の成立については、第95条が規定している。「倒産手続の開始時において、相殺されるべき両債権、又はその一方の債権が、停止条件付あるいは弁済未到来であるか、又は両債権が同種の給付に向けられていない場合には、相殺は、その要件を具備したときに初めてこれを行うことができる。第41条、第45条の規定はこれを適用することができない。相殺適状になるより前に受働債権が無条件かつ弁済期到来となるときには、相殺は排除される。」（同条1項）

　なお債権者平等主義の立場から、相殺により特定の倒産債権者だけが債権の満足のうえで優遇されることのないように、一定の要件の下で相殺を禁止している。これについて96条が規定している。①倒産債権者が倒産手続開始後に初めて倒産財団に対して何らかの債務を負担した場合、②倒産債権者がその債権を手続開始後に初めて他の債権者から取得した場合、③倒産債権者が否認しうる法律的行為によって相殺権限を取得した場合、④債務者の自由財産によって履行すべき債権を有する債権者が倒産財団に対して何らかの債務を負担している場合、の四つのケースである。

四　法律行為の履行

1　契約関係の倒産上の処理

　ドイツの倒産実務においても倒産学説においても中心的テーマは倒産管財人による双務契約の処理である。ここでは契約関係について規定する民法と倒産法との優先関係が問題となる。ドイツ倒産法は第2章の「法律行為の履行」の103条～128条にこの契約関係の処理に関する規定を置いている。103条～127条までは双務契約の処理に関する規定であり、108条～128条は継続的契約関係、特に不動産についての賃貸借契約、用益的賃貸借（109条～112条）と雇用契約・労働契約（113条～120条）について規定している。

2　双務契約の処理（103条以下）

　債務者及び相手方が共に倒産手続開始時に双務契約（gegenseitiger Vertrag）を履行していないか又は完全に履行していないときは、倒産管財人は、債務者に代わりその契約を履行し又は相手方に履行を請求することができる（103条1項）。倒産管財人が履行を拒否するときは、相手方は、不履行に基づく債権を倒産債権者としてのみ主張することができる（同条2項）。つまり、倒産手続開始時に、①双務契約にして、②双方の債務がまだ未履行であるときは、契約関係に基づく履行を請求するか履行を放棄するかは、倒産管財人が選択権（Wahlrecht）を有する。しかし倒産管財人が選択権を行使しないときは、相手方は管財人に対してその選択権の行使を催告することができ、その場合には、管財人は遅滞なく履行を請求するか否かの意思表示をしなければならない。もし管財人がこの選択権行使の意思表示を怠った場合には、管財人は履行請求の選択はできなくなる（103条2項）。

3　所有権留保の処理
（1）　単純な所有権留保

　債務者が倒産手続開始前に所有権留保の条件で動産を売却し、かつ買主に対してその物に対する占有を移転したときは、買主は、売買契約の履行を求めることができる。債務者が買主に対して新たな義務を負担し、かつ、この義務を履行していないか、又は完全に履行していないときも、また同様とする（107条1項）。逆に、債務者が倒産手続開始前に所有権留保の条件で動産を買い受け、かつ、その物に対する占有を売主から取得していたときは、売主に選択権の行使を催告されている倒産管財人は、報告期日後に初めて遅滞なく意思表示をしなければならない（同条2項1文）。

　所有権留保の場合の処理については、相手方が動産売買の買主（Käufer）か、売主（Verkäufer）かで規制を異にしている。買主が倒産した場合、契約履行の請求の選択権は倒産管財人に帰属するが、倒産管財人が履行請求を選択した場合には、売買代金は財団債務（Masseverbindlichkeit）として支払わなければならない（55条1項2号）。逆に倒産管財人が契約の不履行の場合にも選択権行使をしない場合には、売主に対して103条2項1文による請求権を付与しなければならない。つまり管財人が履行を拒否するときは、相手方は、不履行に基づく債権を倒産債権者としてのみ主張することができる。従って債務不履行を理由とする損害賠償請求の債権を倒産債権者として倒産管財人に対して届け出ることができる。

　買主が倒産した場合には、売主は倒産財団に組み入れられている売買目的物を取り戻すことができる（47条）。この売買代金の支払いについての不履行により、買主の売買目的物に対する支配権と民法986条による占有についての権利が消滅することになる。

（2）　特別な所有権留保

　単純な所有権留保の実務上の意義はそれほど大きくはない。実務で重要なのは、むしろ所有権留保の特別形態（Sonderform）である。とりわけ担保目的で設定されたいわゆる「拡張された所有権留保」（der　erweiterte

Eingentumusvorbehalt) である。所有権留保付き売買契約の処理の場合には、誰の財産について倒産手続が開始されるのか、売買契約は履行されるのか否か、の2点についてチェックをしなければならない。実務上問題となるのは、買主が倒産した場合に、倒産管財人が契約を履行しないという場合の所有権留保である。売買代金債権を担保が売主にとって重要であり、売買代金不払いの場合の目的物の返還は問題ではない。売買目的物についての代金がすれに支払われている限りは、拡張された所有権留保は担保の譲渡 (Sicherungszession) と同じである。かかる場合には、売主は、倒産法51条1号により目的物について別除権的満足を主張することができるにすぎない。取戻権の主張は、本来支払うべき売買代金がまだ未払であり、代金債務の不履行ゆえに直接103条2項1文による請求が主張する場合に限り、売主に認められることになる。

　買主は、確かに目的物を第三者に譲渡する権限を有するが (民法185条1項)、しかし支配権 (Anwartschaftsrecht) の譲渡によってのみ可能であり、売買代金が全額支払われるまでは、売主は所有者にとどまることになる。買主の倒産の場合には、倒産管財人は売主に対しては通常は契約の不履行を選択することになる。なぜならば目的物の再譲渡により売主はもはや目的物について利用することができないからである。しかし支配権の譲渡により第二の買主は売主に対する売買代金の完全なる支払までは所有権は取得しない。民法268条の適用により、第二の買主は未払いの売買代金を直接に第一の買主に支払うことができる。

　実務でもっとも重要な所有権留保の特別形態は、「要求された所有権留保」(der velängerte Eigentumsvorbehalt) である。この形態では、売主は買主による企業 (Geschäftsbetrieb) の再譲渡について同意を与えているので (民法185条1項)、買主は第2買主に対して有している売買代金債権を売主に譲渡することになる。この場合に売主の売買代金債権の担保は、第2の買主に対する売買代金債権とともに担保権の譲渡として扱われることになる。この譲渡担保とくに包括的譲渡担保の場合には、実務ではしばし

ば物権法上の特定原則（Bestimmtheitsgrundsatz）の維持の問題が生ずることになる。

五　倒産手続における労働者の地位

1　倒産法における労働者の地位

　倒産法において労働者の地位が旧破産法と比べて格別強化されているわけではない。倒産法は債権者への共同的満足という点に重点を置き、倒産処理手続の市場原理との適合性ということをその草案理由書において強調しているように、労働者の地位を特別に扱っているわけではない。むしろ倒産法における市場原理の貫徹という貫徹から、倒産計画制度の導入により企業再建が旧法よりは容易になったことにより、労働者の雇用継続ないし雇用機会は確保されることになり、これにより労働者の地位が保護されることになると立法者は考えたものである。

　企業と労働者との間の雇用契約ないし労働契約は、第113条の雇用関係の解約告知の中で扱われ、労働者の未払賃金は財団債権として扱われる（55条1項2号）。

2　雇用関係ないし労働関係の解約告知

　倒産手続開始時に成立していた労働関係は倒産手続が開始されても倒産財団に対しては原則としてそのまま存続する（108条1項）。倒産管財人も労働者も倒産手続開始前に契約期間又は法定解約告知について合意をしていても、解約告知をすることができる。告知期間は当初の契約が3か月以内の期間を定めていない場合には、3か月をもって終了するものとし、労働者は契約期間終了前の終了を理由として倒産債権者として損害賠償請求をすることができる（113条1項）。この場合には、労働者は債権者集会に参加することもできるし、債権者委員会の委員になることもできる。これによって労働者も倒産手続においてその影響力を行使することができると

言える。
　倒産手続開始後の期間についての労働者の賃金債権又は給与債権は財団債権として優先性が認められている（55条1項2号）。

第七章　倒産手続の終結

一　配当による終結

（1）　最後配当による終結

　倒産手続はそれが清算型であれ、更生型であれ、債権者の満足を目的とする手続であるから、原則として、配当が完了がすれば手続が終結することになる。倒産債権者への配当は、一般調査期日後に初めて開始することができるが（187条1項）、倒産債権者に対する配当は、配当原資となるべき倒産財団に十分な現金があることにより実施することができる。しかし倒産手続開始後に倒産財団が配当原資どころから手続費用それ自体を賄うのに十分でないことが明らかになった場合には、倒産裁判所はその手続を廃止（Einstellung）しなければならない（207条1項）。

　配当は倒産管財人によって実施されるが、倒産管財人は配当前に作成された配当表（Verteilungsverzeichnis）に基づいて行わなければならない（188条）。配当には中間配当（Abschlagsverteilung）と最後配当（Schlussverteilung）そして追加配当（Nachtragsverteilung）の三種類がある。中間配当については、債権者委員会が倒産管財人の提案に基づいて支払われるべき配当額を決定し、債権者委員会が設置されていないときは、倒産管財人が配当額を決定する（195条1項）。

　最後配当は倒産財団の換価が終了した後に実施されるが、まず倒産裁判所の同意が必要となる（196条）。倒産裁判所は、最後配当の同意をするに際して債権者集会を終了するための期日をまず定め、最後計算の討議を経

た上で倒産管財人は配当を実施しなければならない。そして最後配当が実施されたとき、倒産裁判所は直ちに倒産手続の終結（Aufhebung）を決定する。この終結決定及び終結理由は官報において公告しなければならない（200条）。

　追加配当は、最後配当を実施するための最後の期日（Schlusstermin）が実施された後に、①留保された額が配当に充てられるとき、②倒産財団から支払われた額が元に戻されるとき、③倒産財団の目的物が明らかにされたとき、のいずれかの事情が生じた場合に、倒産管財人又は倒産債権者の申立てに基づいて、又は職権により実施される（203条1項）。追加配当を命ずる倒産裁判所の決定は、倒産管財人、債務者に送達され、債権者が追加配当の申立てをしたときは、債権者にも送達される。債務者は決定に対しては即時抗告をすることができる（204条）。倒産管財人は、処分できる額又は明らかにされた財産の換価から生じた換価金を追加配当の命令後に最後配当表に基づいて配当しなければならない。倒産管財人は倒産裁判所に対して計算書を提出しなければならない（205条）。

（2）　倒産計画による手続における終結

　倒産手続が倒産計画（Insolvenzplan）による処理の方法で進行する場合、倒産裁判所による倒産計画案の認可が確定した場合には、直ちに倒産手続の終結を決定しなければならない（258条1項）。

二　手続の廃止

（1）　財団不足による廃止

　倒産手続開始後に、倒産財団が手続費用を賄うのに十分でないことが明らかになるときは、倒産裁判所はその手続を廃止（Einstellung）しなければならない。ただし十分な金額が申立人から予納されたときは手続は廃止されない（26条1項、207条1項）。手続を廃止する前に倒産裁判所は、債権者集会、倒産管財人、財団債権者を審尋しなければならない（同条2

項)。

　倒産財団が倒産手続費用を賄うことができるが、弁済期にあるその他の財団債務（Masseverbindlichkeiten）を履行するのに十分でないときは、倒産管財人は倒産裁判所に対して財団が不足している旨を届け出なければならない（208条1項）。倒産財団に対する財団債務につき、倒産管財人は、①倒産手続の費用、②財団不足の届出後に生じた、手続費用に属さない財団債務、③その他の財団債務、の順序に従い、財団債務を支払わなければならない。同順位の場合は、額の割合に応じて支払わなければならない（209条1項）。倒産管財人が209条の規定により倒産財団を配当したとき、倒産裁判所は直ちに倒産手続を廃止しなければならない（211条1項）。

（2）　倒産原因の欠如による廃止

　倒産手続は、廃止後に債務者について支払不能及び支払不能の虞れが存しないこと、及び債務超過が倒産手続開始原因であるときには債務超過が存在しないことが明らかであるときは、債務者の申立てに基づいて倒産手続を廃止しなければならない（212条）。

（3）　同意による廃止

　倒産手続は、債務者が届出期間の経過後に債権を届出ていたすべての倒産債権者の同意書を提出するときは、債務者の申立てに基づいてこれを廃止しなければならない（213条1項）。倒産原因の欠如による廃止及び同意による廃止の場合には、倒産手続廃止を求める申立ては公告しなければならないが、倒産裁判所は、申立人、倒産管財人及び債権者委員会の審尋の後に廃止につき決定をする。倒産手続を廃止する決定及び原因は、これを公告しなければならない（215条1項）。

第八章　倒産計画

一　倒産法改革と倒産計画制度の導入

　1978年の連邦司法大臣フォーゲルによる倒産法改革のための委員会の設置によって開始されたドイツにおける倒産法制の改革作業は、1994年10月5日の倒産法の制定によって終了したが、従前の破産法と和議法を廃止し、単行の倒産法の中に清算型と再建型の倒産処理手続を規律するという立法技術を採用し、二つの異なる手続を「債権者の共同の満足」という共通目的の下で統合しようとした。倒産法1条1文は、「倒産手続は、債務者の財産の換価及び配当を行い、又は倒産計画において特に企業の存続のために本法とは異なる規制を定めることにより、債務者の債権者に対する共同の満足を与えることを目的とする。」と規定し、倒産計画（Insolvenzplan）という新しい制度を導入した。

　倒産法の立法理由によれば、この倒産計画手続（217条〜269条）は、今回の倒産法改革の中核として位置づけられており、この倒産計画によって債権者の共同の満足は倒産手続の最上位の目的として債務者の企業の再建（Sanierung）の可能性と結びつけることにより直ちに手続の目的が達成されると考えられている。手続法上の考えにおいては、倒産計画は従来の和議法における強制和議（Zwangsvergleich）に取って代わられるものである。しかしながら倒産計画は、和議のような債務者と債権者との間の契約としてとらえることはできず、全ての関係人の利益を考慮した清算又は再建のための法制度としてとらえなければならない。それゆえ倒産計画は、

倒産手続の関係人に対してより広範な手続の形成についての可能性を認めている。倒産法の規定とは異なる倒産処理手続も認めている。これについて、第217条は、「倒産計画においては、別除権を有する債権者及び倒産債権者の満足、倒産財団の換価及び関係人に対するその財団の配当、並びに倒産手続終了後の債務者の債務は、本法とは異なる定めをすることができる。」と規定している。内容的には法律上可能なものは倒産計画により全てを規制することができる。このドイツ倒産法によって導入された倒産計画の制度は、本質的にはアメリカ合衆国の連邦破産法典の第11章による再建手続に範を求めたものである。

二　倒産計画による倒産手続形成の多様性

　倒産計画の具体的内容は、債務者たる企業の経済状況、とりわけ再建の可能性を考慮したうえでそれぞれの倒産手続の目的、個々の債権者及び債権者の担保権の法的地位並びに債権者の利益によって決定されることになる。基本的には次の三つのタイプの倒産手続が考えられる。
　①債務者たる企業の清算（清算計画）
　②企業の一部又は全部の譲渡による企業の再建とそれに続く元の企業の清算（企業譲渡による再建）
　③金融機関の支援及び支援企業による援助に基づく企業の再建
　これら三つのタイプはあくまでも倒産計画による倒産処理の典型的ケースであり、具体的には様々な態様がありうる。要は倒産法や民法、商法等の実体法上の規定に反しないで、債権者自治の原則の下で倒産計画の内容は決定されるということである

（1）　企業の清算

　債務者の倒産における債権者の共同満足は、通常の倒産手続の枠組みの中でも倒産財団を形成する債務者の財産の換価及び換価金の配当により実現されるが、倒産計画によっても企業の解体清算をすることができる。例

えば別除権の対象たる目的物について不動産の強制競売や強制管理の方法によらないで、別除権者が当面は別除権の行使をしないで企業を存続させ、事後に清算をして配当を実施するというやり方を採用することもできる。つまり倒産計画は企業の存続（Unternehmensfortführung）とそれに続く清算とを柔軟に組み合わせることも認められているのである。立法者は企業譲渡と清算とを段階的に行う、いわゆる「段階計画」（Stufenplan）も認めている。

（２） 企業譲渡による再建

企業譲渡による再建（die übertragende Sanierung）は、今回の倒産改革作業においてもっとも重要な討論課題であった。企業譲渡についての単純な形態は、160条、162条及び163条において規定されている。この「企業譲渡による再建」という概念は、K.シュミット（Karsten Schmidt）が1980年にある法律雑誌に発表した論文において提示したものであるが、彼は企業の清算と再建を対峙させ、企業譲渡は清算価値の追求に至り、本来の企業の担い手はただ単に清算価値評価に基づく譲渡代金しか配当原資にすることはできないが、倒産した企業の譲渡を受ける「引受会社」（Übernahmegesellschaft）は、企業を継続させることにより継続的価値を享受することができる、として批判した。従って企業譲渡による再建の場合に重要なことは、譲渡される企業ないし事業組織体の価値を継続的価値をも斟酌していかに適切に評価するかである。適切な価格で譲渡されればこのK.シュミットによって批判された点は回避できることになる。

企業譲渡という観念は今回の倒産法制定以前にも民法419条の中に存在していたが、倒産法の制定に連動し、1999年１月１日にこの規定は削除された。

（３） 企業の存続による企業それ自体の更生

企業の更生の目的は、支払不能又は債務超過の状況の除去であるが、旧和議法のように、倒産計画は債権者による支払猶予、支払免除、一部弁済等の債権者の協力を対象とすることができる。しかし財務状況を再建する

ためには、企業それ自体が増資や融資受け入れによる自己資本の補充、減資と増資による債務超過の除去等が必要になってくる。さらに借入枠（Kreditrahmen）の設定により財務状況を改善することも可能となる。

三　倒産手続における倒産計画の位置づけ

倒産計画による倒産手続は通常の倒産手続の枠組みの中の手続として位置づけることができるが、消費者倒産手続にはこの倒産計画の制度は適用されない（312条3項）。債務者は倒産手続開始の申立てと同時に倒産計画案を提出することができる（218条1項）。倒産計画案の提出の権限は、倒産管財人及び債務者にあるが、債務者は企業の支払不能の虞れが生じた段階で倒産手続開始の申立てをし、同時に倒産計画案を提出することにより企業倒産に対応することができる。

倒産計画案は倒産手続開始後に第一回債権者集会において提出することができるが、提出時期の最後は、197条による最終期日である。実務では債務者が倒産手続を申立てると同時に倒産計画案を提出することが多いが、倒産裁判所が開始決定を下すまでの間、保全処分として保全管財人を選任した場合には、この保全管財人が更生のための倒産計画について企業存続の見込みがあるか否かについて鑑定人として調査し、評価することができる。

倒産計画案が提出されると倒産裁判所は、まず形式的要件を審査し、適法とあれば、次に債権者委員会、債務者、倒産管財人に送付し、意見表明を求めることになる。そして倒産計画案がその中に形成されたそれぞれの債権者グループにおいて必要とする多数決により承認された場合には、倒産裁判所は決定によりこれを認可することになる。倒産計画の認可の決定が確定すると倒産計画は全ての関係人に対して効力を有し、倒産計画の中に定められた内容に拘束されることになる。

四　倒産計画の内容構成

1　倒産計画の構成

　倒産計画の内容については、219条以下に規定されているが、「説明部分」(der darstellende Teil)と「権利変更部分」(der gestaltendeTeil)の二つの部分から構成される。説明部分では、債権者が倒産計画に同意したり、倒産裁判所が認可したりするための判断の基礎となるべき内容が全て記載されていなければならない。債務者の財産状況、経営状況、収益状況及び換価方法についての説明が必要となる（220条）。特に債権者に対する配当の原資をどのように調達するかについて、換価の方法の説明がもっとも重要である。さらに倒産計画による配当と、倒産計画によらない配当とを比較し、倒産計画による換価・配当のほうがどの程度有利かについての説明も重要な意義をもつことになる。

　これに対して権利変更部分は、関係人の法的地位がどのように変更されることになるかについての説明が記載される。別除権、倒産債権者及び債務者の法的地位が倒産計画によりどのように変更されるかが明らかにされる。この倒産計画における関係人の権利の確定については、債権者の種類別にグループ化して分類される。①倒産計画により権利が不利益に変更される別除権者、②非劣後的倒産債権者、③劣後的倒産債権者、の三つのグループである。

2　倒産計画の「説明部分」

「説明部分」について220条は次のように規定する。
①倒産計画案の説明部分には、計画された関係人の権利の変更のための基礎を作り出すために、いかなる措置が倒産手続開始後にとられたか、又はさらにとられるべきかを記載する。
②説明部分は、計画案に対する同意に関する債権者の判断又は計画案の

裁判上の認可にとり重要である計画の基礎及び効果についてのその他すべての記載を含まなければならない。

　倒産計画案が倒産管財人によって提出された場合には、倒産管財人は第一回債権者集会（156条1項）において倒産の原因及び企業の経済的状況について報告しており、ここでは企業の存続の見込み（Aussichten）について討議しなければならない。この「説明部分」はかかる倒産管財人の報告に相当することになる。

　説明部分の内容は220条2項により倒産計画についての債権者の判断にとり重要なものを全て含まなければならない。中心的な内容は、倒産計画の目的が清算にあるのか再建にあるのか、あるいは両者の結合にあるのかについての基本方針についての説明である。そしてそれぞれの目的に向けられた具体的な方策が記載されていなければならない。倒産計画が再建を目的としている場合には、企業の再建の可能性について説明し、それを理由づける具体的内容が記載されていなければならない。他方、倒産計画が清算を目的としている場合には、債権者の満足に債務者の財産の換価の方法がどのように影響を与えるかについてが説明されていなければならない。

　説明部分の重要な構成内容は、いわゆる和議の計算である。これは債権者にとって、見込まれる債権者の満足の内容について的確に決定しうるために必要となる。倒産計画手続の基本的考えは、債権者が倒産計画により配当を受ける方が、倒産計画によらないで配当を受けるより不利な状況に置かれることはないという確信である。倒産計画による債権者満足のほうが有利であるという要件を的確に審査することを可能にするために、この和議の計算が説明部分に記載されていなければならない。

　マウス（Karl-Heinz Maus）は説明部分の構成について五つの項目を提案している。

　①倒産に至った原因についての債務者の法的及び経済的関係の説明。ここでは倒産管財人は倒産開始についての自己の鑑定評価を引用した

り、第一回債権者集会における自己の報告を引用することになる。
②倒産手続開始以降の倒産管財人の措置についての説明。ここでは倒産財団の保持、未履行の契約の処理、社会計画についての従業員との協議について詳細に説明することになる。
③種々の計画の選択についての説明。とくに如何なる理由から清算ないし更生を選択するか、当面の企業の存続または倒産計画の目的としての企業譲渡による更生が選択されるかについて検討しなければならない。
④倒産計画の具体的考えについての説明。ここでは経済的更生ないし財政的更生についての具体的な措置を検討しなければならない。
⑤通常の倒産手続における倒産財団の換価と比較した場合の倒産計画の実現における関係人の立場に関する和議の計算。
　これら五項目の構成からなる説明部分を内容とする倒産計画を実現するための中心的な手段としての債権者グループの形成が次に問題となる。

3　倒産計画における「権利変更部分」

　倒産計画における「権利変更部分」は、関係人の法的地位が倒産計画によりどのように変更されるべきかを確定することにする（221条）。倒産計画によりいずれの関係人の法的地位も変更することができる。ここでいう「関係人」（Beteiligte）とは、別除権を有する債権者、非劣後的倒産債権者そして劣後的倒産債権者である。47条による取戻権者は倒産債権における関係人には該当しない。取戻権者は、債務者の債権者ではなく、その者の法的地位を倒産計画により変更することはできないからである。
①別除権については、223条1項1文により原則として倒産計画により変更することはできない。49条の不動産に対する別除権について別除権者の不利益に変更しようとする場合には、この権利変更部分において変更内容を確定しなければならない
②非劣後的債権者の債権については、いかなる範囲で当該債権が減額さ

れるか、いつまで支払を猶予するか、そしてそれがどのように保全されるかについて倒産計画において確定しなければならない（224条）。
③劣後的債権者の債権については、225条1項により、倒産計画に別段の定めがない限りは、免除されたものとみなされる（256条1項）。

倒産手続の終結時の債務者の責任は、227条1項により、倒産計画に別段の定めがない限りは、原則として権利変更部分に定められた満足と同時に、残債務は免除されることになる。

五　倒産計画の承認と認可

1　倒産計画の提出

　倒産計画は、債務者が倒産手続開始の申立てをする際に同時に債務者から提出することができるが、倒産管財人も提出権限を有する（218条）。倒産計画の提出は遅くとも最終期日において行わなければならない。倒産管財人は自己のイニシアチブにて倒産計画を作成し提出することができるが、債権者集会が倒産管財人に対して倒産計画の作成を委託することもできる。債権者集会は報告期日において、債務者の企業を営業停止にすべきか、又はその企業を暫定的に継続すべきかを決議し、倒産管財人に倒産計画の作成を委託することができる（157条）。債務者から倒産手続開始の申立てと同時に倒産計画が提出された場合に、倒産裁判所は、倒産財団の換価及び配当を継続すると提出された倒産計画の実施が困難になると考える場合には、債務者又は倒産管財人の申立てに基づいて換価及び配当の停止を命ずることができる（233条）。

2　倒産計画の添付書類

　倒産計画の提出に際してはそれに添付する書類が法定されており、提出者はそれを提出しないと倒産計画は倒産裁判所により却下される場合がある。債権者が債務者又は第三者により継続される企業の収益から満足を受

けるという倒産計画の場合には、財産の目的物及び債務がその価値の評定とともに記載されている財産目録（Vermögensübersicht）を添付しなければならない。またいかなる出費及び収益が債権者を満足させるまでの期間に予想されるか、及びいかなる一連の所得及び支出によりその期間の企業の支払能力が保証されるべきかについては、これを補充的に記載しなければならない（229条）。

さらに倒産計画において債務者が企業を継続することが定められている場合で、債務者が自然人であるときは、債務者が倒産計画に基づいて企業を続行する準備がある旨の債務者の宣言書（Erklärung）を添付しなければならない。ただし、債務者が自ら倒産計画を提出するときは、この宣言書は必要としない（230条1項）。債権者が法人、法人格のない社団又は法人格のない会社に対する持分権もしくは社員権又は収益的持分を譲り受けるときは、これについて全ての債権者が同意するという個々の同意書を添付しなければならない（同条2項）。

3　倒産計画の審査及び却下

倒産裁判所は、倒産計画についての形式的要件を審査した上で、次の事項のいずれかに該当する場合には、倒産計画を却下しなければならない。この却下決定に対しては、提出者は即時抗告をすることができる（231条）。

①提出の権利及び倒産計画の内容に関する規定が遵守されておらず、裁判所の補正命令に対して補正が実行されない場合。

②債務者により提出された倒産計画が明らかに債権者による可決又は裁判所による認可の見込みを有しない場合。

③債務者により提出された倒産計画の権利変更部分に従って関係人に対して生じる請求権が明らかに履行されない可能性がある場合。

倒産裁判所は倒産計画を却下しない場合には、以下の関係人に対して意見表明（Stellungnahmen）を求めるために倒産計画を送付しなければなら

ない（232条）。
① 債権者委員会が設置されているときは債権者委員会、経営協議会及び管理職代表委員会。
② 倒産管財人が倒産計画を提出したときは債務者。
③ 債務者が倒産計画を提出したときは倒産管財人。

倒産裁判所はこれらの意見表明を求める場合には、意見表明の提出期間を裁定しなければならない。倒産計画はそれに添付する書類及びそれに対する意見表明書を付して、関係人の閲覧に供するために裁判所の書記課に備え置かなければならない（234条）。

4 倒産計画の可決・認可

倒産裁判所は、倒産計画及び債権者の投票権を討議し、かつそれに引き続いて倒産計画について投票をする期日（これを討議期日及び投票期日）を定めなければならない。期日は1か月を超えて定めてはならない。そして討議期日及び投票期日はこれを公告し、公告においては倒産計画及びそれに対する意見表明書を裁判所の書記課において閲覧できる旨を指摘しなければならない。債権届出をした倒産債権者、別除権を有する債権者、倒産管財人、債務者、経営協議会及び管理職代表委員会は、これを特別に呼び出さなければならない。呼出状には倒産計画の写し又は倒産計画の要旨を添付しなければならない（235条）。

討議期日及び投票期日は、調査期日前に開催してはならないが、両期日はこれを併合することができる（236条）。倒産計画についての投票における議決権は、債権者集会における投票権の確定と決議に関する規定が準用されており、債権届出が済み、かつ倒産管財人及び投票権を有する債権者のいずれもが争わない債権についての債権者に投票権が与えられる。しかし劣後的債権者には投票権は与えられない（77条1項）。争われている債権の債権者は、債権者集会において倒産管財人及び出席している投票権を有する債権者がその投票権について合意した場合に限り、投票権が与えら

れる（同条2項）。なお停止条件付債権者も投票権が与えられる（同条3項1号）。別除権を有する債権者は、債務者がこの債権者に人的にも責任を負っており、かつ債権者が別除的満足を放棄するか又はその満足に際して不足額が生じている限りにおいてのみ、倒産債権者として投票権が認められる（237条1項）。なお倒産計画により債権について利益が害されることのない債権者は議決権は認められない（同条2項）。

倒産計画において別除権を有する債権者の法的地位も定められている限りにおいては、期日においてその債権者の権利を個別に討議しなければならないが、倒産管財人、別除権を有する債権者及び倒産債権者のいずれからも争われていない別除権に対しては、議決権が認められる（238条1項）。倒産裁判所は、倒産計画についての投票のために、分離された期日を定めることができるが、この場合には、討議期日と投票期日の間の期間は1か月を超えてはならない。そして投票期日には議決権を有する債権者及び債務者を呼び出さなければならない（241条）。

投票期日が討議期日と分離して定められたときは、議決権を書面にて行使することができる。倒産裁判所は、議決権を有する債権者に対して討議期日後に投票用紙を送付し、かつ、債権者に対してその議決権を通知する（242条）。

債権者が倒産計画を可決するためには、債権者の種類によって形成される各グループにおいて、①投票者した債権者の多数が倒産計画に同意したこと、②同意した債権者の請求権の総額が投票した債権者の請求権の過半数であること、の二要件を満たさなければならない。なおグループの形成については、次の三種類の債権者の部類ごとに行われる。

①別除権を有する債権者で、倒産計画が別除権を有する債権者の権利に影響を与えるとき。
②非劣後的倒産債権者
③劣後的倒産債権者の個々の順位等級で、その債権が債務免除されたものとみなされない範囲。

五 倒産計画の承認と認可

なお同等の法的地位を有する債権者は、債権者が同種の経済的利益でまとめられるグループを形成することができる。グループは、客観的かつ公平に相互に区分しなければならず、区分についての基準はこれを倒産計画に記載しなければならない。従業員がわずかではない額の債権を有して、倒産債権者として参加しているときは、従業員は特別のグループを形成しなければならない。少額債権者については特別のグループを形成することができる（222条）。議決権を有する債権者の各グループは、個別に倒産計画に関して投票を行う（243条）。

債権者が倒産計画を可決するためには、各グループにおいて以下の要件を満たさなければならない（244条1項）。

①投票した債権者の多数が倒産計画に同意したこと。
②同意した債権者の請求権の総額が投票した債権者の請求権の過半数であること。

債務者が遅くとも投票期日に倒産計画に対して書面により又は倒産裁判所の書記課の調書に対して異議を述べないときは、債務者の倒産計画に対する同意がなされているものとみなす（247条1項）。

倒産計画が債権者により可決され、債務者が同意をした後に、倒産裁判所は、認可に関する決定の前に、倒産管財人、債権者委員会及び債務者を審尋しなければならない。しかし倒産計画の内容及び手続上の取り扱いに関する規定が遵守されず、債権者による可決並びに債務者の同意に関する規定が遵守されていない場合で、その不備が除去されないときは、倒産裁判所は職権で認可を拒絶しなけれならない。倒産計画の可決が不当に特定の債権者を優遇することにより達成された場合も同様とする（250条）。

少数者を保護するために、①債権者が遅くとも投票期日に書面により又は倒産裁判所の書記課の調書に対して異議を述べたとき、②債権者が倒産計画がない場合に認められたであろう地位よりも倒産計画において不利な地位に置かれるとき、のいずれかの事由に該当する場合、債権者の申立てに基づいて倒産裁判所は可決を拒絶しなければならない（251条）。

倒産計画を認可する決定又は認可を拒絶する決定は、これを投票期日又は直ちに定められるべき特別な期日において言い渡さなければならない。倒産計画が認可される場合には、債権を届け出た債権者及び別除権を有する債権者に対して、認可されたことを指摘して倒産計画の写し又は要旨を送付しなければならない（252条）。債権者及び債務者は、倒産計画を認可する決定又は拒絶する決定に対して即時抗告をすることができる（253条）。

六　認可された倒産計画の効力と計画履行の監視

1　認可された倒産計画の効力

倒産計画についての倒産裁判所の認可決定により、権利変更部分に定めれられた内容は、全ての関係人に対して、有利にも不利にも効力が生ずる（254条1項1文）。そしてこの認可された倒産計画の効力により、確定されかつ債務者により調査期日に争われなかった債権を有する倒産債権者は、この倒産計画に基づき債務者に対して執行することができる（257条1項）。これはあたかも執行力ある給付判決に基づく強制執行と同様である。そして倒産裁判所は、倒産計画の認可が確定することにより、直ちに倒産手続の終結を決定することになる（258条1項）。倒産手続の終結により、倒産管財人及び債権者委員会の各委員の職務は終了することになる。そして債務者は倒産財団を自己の財産として自由に処分する権利を回復する（259条1項）。

2　倒産計画の履行の監視

倒産計画の権利変更部分においては、倒産計画の履行を監視する（Überwachung）旨を定めることができる。この場合には、倒産手続の終結後に権利変更部分の定めに従って債務者に対して生ずる債権者の請求権が履行されているか否かを倒産管財人は監視する。この限りにおいて、倒

産管財人及び債権者委員会の委員及び倒産裁判所の監督は存続することになる。倒産管財人は履行の監視期間中においては、債権者委員会及び倒産裁判所に対して倒産計画の履行の状況及びその後の見通しについて報告しなければならない。

倒産計画の履行がなされていないか又は履行され得ないことが認められるときは、倒産管財人はその旨を遅滞なく債権者委員会及び倒産裁判所に告知しなければならない。債権者委員会が設置されていない場合には、倒産計画の権利変更部分に従って債務者又は事業引受会社に対して請求権を有する債権者全員に通知をしなければらない（262条）。

倒産裁判所は、①履行を監視される請求権が履行されているか又はその請求権の履行が担保されているとき、②倒産手続の終結から3年が経過し、かつ新たな倒産手続開始の申立てが提起されないとき、のいずれかの場合には、監視の終結を決定し、この決定を公告しなければならない（268条）。履行監視に要する費用は、債務者が負担する。債務者の事業又は事業組織体が引受会社に引き受けられたときは、その引受会社が費用を負担する。

3 妨害禁止（Obstruktionsverbot）

立法者は、倒産計画の成立について、個々のグループが反対しても頓挫することのないよう、妨害禁止についての規定を設けた（245条）。この異議には、次の三つの要件がある。

①このグループの債権者が倒産計画により倒産計画がなかった認められたであろう法的地位よりも不利な地位に置かれていないこと。
②このグループの債権者が倒産計画に基づいて関係人に与えられるべき経済的価値に対して適切な関与が認められること。
③投票グループの多数が倒産計画に対して必要多数をもって同意したとき。

この②の要件の適切な関与があるか否かについては、次の場合には、グ

ループの債権者の適切な関与が認められる。

①他の債権者がその請求権の全額を超える経済的価値を取得しないとき。

②倒産計画がない場合にそのグループの債権者に対して劣後的に満足を受けるべきであったはずの債権者、債務者又は債務者に対して資本参加している者が経済的価値を取得しないとき。

③倒産計画がない場合にそのグループの債権者と同順位で満足を受けるべきであったはずの債権者がこの債権者よりも有利な地位に置かれないとき。

第九章　特別な倒産手続

一　債務者に対する免責手続

1　免責制度の導入

　当然のことながら倒産手続が終了したとしても自然人たる債務者の場合には、債務が全て満足されない限り、債務者の責任は消滅するわけでもない。それゆえ倒産債権者は、倒産手続終了後にその残余債権を債務者に対して無制限に行使することができる（201条1項）。

　債権が確定され、債権表に債権が記載されることにより、債権表は確定判決と同様の効力を有するので、この執行力ある債権表に基づいて債務者に対して強制執行を申し立てることができる（同条2項）。ドイツでは破産法の時代から、こうした債務が破産手続が終了しても免責されないというやり方が維持されてきたが、長年このことに対する批判が繰り返されてきた。しかし社会政策的観点からいつまでも債務者が債務から解放されずに再起更生ができないことからアメリカ合衆国で認められているような免責（Restschuldbefreiung）制度を導入することが強く叫ばれ、今回の倒産法においてようやくこれが実現されることになった。

　倒産法1条の第2文には、「誠実な債務者には、その者の残債務を免除する機会が与えられる。」と規定され、自然人に対する免責が倒産手続の目的の一つに位置づけられたのであった。そして倒産法の第8編に免責に関する規定が286条〜303条まで置かれることになった。

2　免責手続の概要

免責の手続は次の三つの段階からなる。

(1) まず免責を受けられるのは自然人に限られ、倒産手続において履行されなかった倒産債権者に対する債務から免責される（286条）。免責は債務者からの申立てを要件とし、申立ては遅くとも報告期日において、書面により倒産裁判所に提出するか、又は、裁判所の書記課の調書に記載しなければならない。申立ては、倒産手続開始を求める申立てに併合することができる（287条1項）。

(2) 免責の申立てに際しては、倒産手続終了後6年間は債務者が給与又はこれに代わる継続的な給付を求める債権で差押えが可能な債権を裁判所が指定する受託者（Treuhänder）に譲渡する旨の意思表示を添付しなければならない（287条2項）。そして債務者は6年間、譲渡を約束した債権を受託者に譲渡することを実行する。

(3) 債務者による債権譲渡の意思表示の有効期間である6年間が経過したときは、倒産裁判所は、倒産債権者、受託者及び債務者の審尋の後に決定により免責の付与について裁判する（300条）。免責が付与されるときは、免責は、すべての債権者に対して効力を生ずる。

3　免責の要件

ドイツ倒産法の免責制度は、わが国のように破産決定と同時に免責の申立てをすると数ヶ月後に免責の決定が下りるというアメリカ合衆国のディスチャージと同様の制度ではなく、6年間誠実に一定の支払金を受託者に受託させ、その上で免責付与の決定をするというかなり厳格なものである。

免責については、まず免責申立ての段階における形式的要件と、法定されている免責の拒絶事由が存しないという消極的要件が必要となる。そして6年間の良好な態度（Wohlverhalten）を維持し、誠実な債務者としての責任（Obliegenheit）を果たしたということが要求される。

（1） 免責の申立て

　免責の申立ては自然人に限られ、通常は倒産手続開始の申立てと同時に行う。ただし倒産手続が開始された後であっても、遅くとも報告期日において書面にて倒産裁判所に申し立てるか、あるいは裁判所の書記課の調書に記載して行う（287条1項）。

　重要なのは申立てに際しては、債務者が倒産手続終了後6年間は、裁判所が指定する受託者に対して一定の金額の債権を譲渡する旨の意思表示をした書面を添付しなければならないということである（同条2項）。しかし譲渡する債権について当事者間で譲渡禁止あるいは譲渡に条件を付する合意をすることは無効である（同条3項）。

　債務者及び債権者は、倒産裁判所に対して、問題となる事案にとり適切な自然人を受託者（Treuhänder）として推薦することができる（288条）。

　倒産裁判所は、最後期日において債務者の申立てに基づいて倒産債権者及び倒産管財人を審尋しなければならない。倒産裁判所は債務者の申立てについて決定をもって裁判を行う。

（2） 免責の拒絶

　倒産債権者が最後期日において免責の拒絶を申し立てているときは、倒産裁判所は、法定の免責拒絶事由の存否について判断し、拒絶事由が存する場合には、決定により申立てを却下しなければならない。免責拒絶事由は290条1項1号～6号まで6つの事由が法定されている。

①債務者が刑法283条ないし283条cによる犯罪行為により有罪判決を受け、刑が確定したとき。

②債務者が信用を維持するために、公金からの給付の取得又は国庫に対する給付の免除を得るために、倒産手続開始申立前の3年以内又はその申立後に、債務者の経済状況に関する不実な又は不完全な記載を故意又は重過失により行ったとき。

③過去10年以内か又はその申立て後にすでに免責の付与がされているとき。

④倒産手続開始申立前の1年以内又はその申立後に、故意又は重過失により債務者が不当な債務を生じさせ、あるいは財産を浪費し、又は債務者の経済状況の向上の見込みなしに倒産手続の開始を遅滞させることにより、倒産債権者の満足を妨げたとき。
⑤債務者が倒産手続中に故意又は重過失により情報提供義務又は協力義務に違反したとき。
⑥債務者が債務清算計画を提出する際に添付すべき財産目録及び債権目録において故意又は重過失により不実の記載又は不完全な記載をしたとき。

3 受託者の地位と職務

　免責の手続においては、倒産裁判所から受託者が任命されるが、受託者は給与の支払義務者に債権譲渡について通知をしなければならない。受託者は債権譲渡により取得する金額及び債務者又は第三者のその他の給付をこれらの者の財産から分離して保管し、かつ、毎年一度は最後配当表に基づいて倒産債権者に対して配当をしなければならない（292条1項）。
　受託者は、受託者が債権譲渡により取得する金額及びその他の給付から倒産手続の終結から4年経過後は10％、5年経過後は15％、終結後6年経過後はでは20％を債務者に支払わなければならない（同条同項）。
　受託者はその職務の終了に際して倒産裁判所に対して会計報告をしなければならない（同条3項）。
　受託者はその活動に対する報酬及び相当な立替金の償還を求める請求権を有する。その場合は、受託者の消費時間及びその仕事量を考慮しなければならない（293条1項）。
　受託者の前年度の活動について受託者に対して支払われた金額が最低報酬を賄わず、かつ、受託者が債務者に対して書面により最低2週間の期間内の支払を請求し、かつその際に債務者に対して免責拒絶の可能性を指摘したにもかかわらず、債務者がその不足金額を支払わないときは、倒産裁

判所は、受託者の申立てに基づいて免責を拒絶する（298条1項）。

4 債務者の義務

免責の申立てをし、債務者が受託者に対して債権譲渡を行う意思表示をした期間中は、債務者は次の義務を負う。

①相応の生業を営むこと。
②債務者が死亡に基づき又は将来の相続権を考慮して取得する財産をその価値の半分につき受託者に対して引き渡すこと。
③住所又は職場の変更を遅滞なく倒産裁判所に及び受託者に届け出ること。
④倒産債権者の満足のための支払を受託者に対してのみ行うこと、及びいかなる倒産債権者にも特別利益を供与しないこと。

倒産裁判所は、債務者が上記の義務に違反しかつそれにより倒産債権者の満足を侵害するときは、倒産債権者の申立てに基づき免責を拒絶する。ただし義務違反について債務者に故意過失がないときはこのかぎりではない。かかる申立ては、債権者が債務者の義務違反を知った後1年内に限りこれを行うことができる（296条1項）。

5 免責付与の裁判

債権譲渡の意思表示の有効期間が無事経過したときは、倒産裁判所は、倒産債権者、受託者及び債務者の審尋の後に決定により免責の付与について裁判する。免責付与の決定は、連邦官報にその要旨を掲載して公告しなければならない。

免責が付与されるときは、免責は、すべての債権者に対して効力を生ずる。

二　自己管理（Eigenverwaltung）

1　自己管理制度の意義

　通常の倒産手続は、倒産管財人が任命され、債務者の財産に対する管理処分権は倒産手続開始決定とともに倒産管財人に移行し、倒産手続は倒産管財人の指揮の下で展開されるが、倒産法は倒産手続が開始されても倒産管理人を任命せず、代わりに「監督人」（Sachwalter）を任命し、その者の監督の下で管理処分権を債務者に委ねたままで倒産事件を処理するという「自己管理」（Eigenverwaltung）という制度を導入した。倒産した企業が自力で再建を目指して営業を継続するというような場合には、その企業について良く知っている債務者自身に管理処分権を委ねるほうが倒産処理としては合目的的であるという考えから導入された制度である。債務者が自然人であると法人であるとを問わないが、消費者倒産の場合にはこの自己管理は認められない。この制度は、わが国が和議法を廃止し、その代替として新設した民事再生法に基づく再生手続に類似している。ドイツの自己管理もわが国の民事再生手続も共通してアメリカ合衆国の破産法典第11章の更生手続をモデルにしたからである。

2　自己管理の申立て

　自己管理は債務者自身が倒産裁判所に申し立てるが、次の三つの要件を備えていなければならない（270条）。
　①債務者が自己管理の命令の申立てをしたこと
　②債権者がすでに倒産手続開始の申立てをしたときは、債権者が債務者の自己管理の申立てに対して同意したこと
　③自己管理の命令が手続遅延又は債権者にとってその他の不利益を生じさせないことを諸事情から予見することができるとき
　倒産裁判所が自己管理の命令を下す場合には、倒産管財人に代えて監督

人を任命する（同条3項）。倒産債権者の債権はこれを監督人に届け出なければならない。倒産裁判所が自己管理を求める債務者の申立てを拒絶したが、第一回債権者集会が自己管理を申し立てるときは、裁判所は自己管理を命ずる。監督人には従前の倒産管財人を任命することができる（271条）。

　倒産裁判所は、①債権者集会がその自己管理の取消しを申し立てるとき、②別除権を有する債権者又は倒産管財人がその取消しを申し立て、かつ、270条2項3号の要件が欠けているとき、③債務者がその取消しを申し立てるとき、のいずれかに該当する場合には、自己管理の命令を取り消す。

3　自己管理の手続

　監督人の任命、倒産裁判所の監督ならびに監督人の責任及び報酬については倒産管財人に関する諸規定を準用する。監督人は、債務者の経済状況を調査し、かつ、事業の遂行ならびに生活についての出費を監視しなければならない。監督人は自己管理の継続が債権者にとり不利になる事情を確認するときは、監督人は、これを遅滞なく債権者委員会及び倒産裁判所に報告しなければならない（274条）。

　債務者が倒産手続に特に重要である法律的行為を行うとするときは、債務者は、債権者委員会の同意を得なければならない（276条）。債務者は、倒産財団の目的物の目録、債権者表及び財産一覧表を作成しなければならない。監督人は、目録、表及び一覧表を調査し、かつ、その調査結果に従い異議を申し立てるべきか否かを適時に書面により表示しなければならない（281条1項）。報告期日において債務者はその報告をしなければならない。監督人は、その報告に対して態度を決定しなければならない。

　別除権が生じている目的物を換価する権利は債務者に帰属し、換価権の行使は監督人と合意のうえでおこなわなければならない（282条）。倒産否認の権限については、監督人が行使する。

三　消費者倒産手続・少額倒産手続

1　手続の概要

　倒産計画や自己管理によらない、清算を目的とする倒産手続は倒産財団を形成する財産がある程度ある企業倒産に適していても、一般消費者や少額の財産しかない債務者には手続は複雑すぎる。そこで手続をより簡易化し、かつ容易にするための手続が必要となる。倒産法はそのために消費者倒産のための少額倒産手続を導入した。

　この少額倒産手続は、独立した経済活動を営まないか又はその活動を小規模に営むにすぎない自然人が債務者であることを前提とする（304条）。

2　手続の経過

　債務者は、倒産手続の開始の申立てと同時に、又は申立後遅滞なく、以下の書類を提出しなければならない。

①債務清算計画に基づく清算に関する債権者と債務者との間の裁判外の交渉を行ったが、合意が成立しなかったことを明らかにする証明書。ただし、倒産手続申立前の最後の6か月以内に交渉を行ったものでなければならない。この証明書は、債務清算についてのカウンセラーないし仲介する機関が交付するものでなければならない。

②免責の付与を求める申立書又は免責が申立てられるべきでないとする説明書。

③現在の債務者の財産及び収入の目録（財産目録）、債権者表ならびに債務者に対する債権の目録。

④債務清算計画案（Schludenbereinigungsplan）

　倒産裁判所は、債務者により氏名を掲げられた債権者に対して財産目録、債権者表、債権目録及び債務清算計画案に対して1か月の法定期間内に意見を表明するように要求する（307条1項）。この法定期間内に意見表

明が裁判所に到達しないときは、債務清算計画案に同意したものとみなされる。

　債権者が債務整理計画案に異議を提起しなかったか又は債権者の過半数が同意した場合には異議は同意に置き換えられるときは、債務整理計画案は承諾されたものとみなし、倒産裁判所は決定をもってこれを確定する。この確定した債務整理計画は、和解調書の効力を有する（308条1項）。債務整理計画の正本及び決定の正本は、これを債権者及び債務者に送達しなければならない。

第十章　国際倒産

一　ヨーロッパにおける国際倒産法の統一化

1　ヨーロッパ国際倒産条約の頓挫

　ヨーロッパ連合（EU）における域内市場における物、資本、サービス及び人の自由移動は、必然的に国境を越えた紛争の増大をもたらし、国際倒産法のレベルにおいて、法の統合化により統一的な渉外紛争の解決を図ろうとする動きが活発化してきた。

　1980年にはヨーロッパ理事会はすでにいわゆるイスタンブール破産条約を提案し、同年にヨーロッパ理事会において、破産条約策定のための常設の代表委員会が設置され、同委員会は、1992年4月の予備草案の後にヨーロッパ破産条約を再検討したものを提案した。1995年には最終の条約草案が作成され、ドイツ人のバルツ博士（Manfred Balz）が専門委員会の委員長に任命された。バルツ博士のイニシアチブにより様々な草案が提案されたが、草案の条項に種々の変更を加えた後に、1995年11月23日にヨーロッパ国際倒産条約が成立した。この条約は、イギリスを除いては全ての加盟国により批准された。イギリスは折からの狂牛病騒動からイギリスの牛肉が域内市場から閉め出されたことに抗議し、批准を拒んだのであった。1996年5月23日の批准期間の経過により、このヨーロッパ国際倒産条約が全ての加盟国において施行される見込みがもはやなくなってしまった。その後、条約という形式で統一されたヨーロッパ国際倒産法を実現することを放棄し、ヨーロッパ連合における法統合の方策の一つである「規則」

(Verordnung)の制定により、直接、加盟国に効力を及ぼすことが計画され、2000年5月29日にヨーロッパ連合の理事会は「ヨーロッパ倒産手続規則」(Verordnung über Insolvenzverfahren)を制定し、同年5月31日から施行された。

2 ヨーロッパ倒産手続規則の概要

ヨーロッパ倒産手続規則（以下、「EU規則」という。）は、次のように構成されている。

　前文
　第1章　総則（第1条～第15条）
　第2章　倒産手続の承認（第16条～第26条）
　第3章　従倒産手続（第27条～第38条）
　第4章　債権者への通知と債権届出（第39条～第42条）
　第5章　経過規定及び最終規定（第43条～第47条）
　付表A・B・C

EU規則は、基本的にはヨーロッパ倒産条約の内容を受け継いでいるが、前文で33項目にわたる極めて詳細な内容の説明を付している点と、ヨーロッパ倒産条約の第5章に規定されていた「司法裁判所による解釈」という項目はEU規則では削除されている。この規則の各条文の解釈が加盟国の裁判所で争われた場合には、ルクセンブルクに置かれているヨーロッパ司法裁判所に解釈を求めることが義務づけられている（共同体設立条約第234条）。この制度を「先行判決制度（Vorabentscheidungsverfahren）」と呼ばれているが、この制度により解釈の統一が図られることになる。

(1) 総則

総則は、15か条からなるが、第1条1項において、「本規則は、債務者の倒産を開始要件とし、かつ債務者の全部又は一部の財産管理処分権の喪失並びに管財人の選任を伴う集団的手続に適用される。」とし、清算型の倒産手続であれ、更生型の倒産手続であれ、①債務者が倒産したこと、②

債務者が自己の財産に対する管理処分権を喪失すること、③倒産管財人が選任されること、の三つの要素が満たされればEU規則の対象の手続となる。

総則において重要なのは、第3条の国際裁判管轄と第4条の準拠法の規定である。まず国際倒産手続についての管轄権は、「債務者が領土内に自己の主たる利益の中心を有する加盟国の裁判所」が有する。会社及び法人の場合には、反対の証明がなされない限り、その主たる利益の中心は「定款上の所在地」であると推定される。他の加盟国の倒産裁判所は、債務者がその国に従たる営業所を有するときに限り管轄権を有する。ただしこの場合には倒産手続の効力はその国の領土内に存在する債務者の財産に限定される。これを従倒産手続という。従倒産手続は清算手続に限定される。

この管轄規制のありかたから、原則的には一つの倒産事件については一つの倒産手続という、いわゆる「普遍主義原則」採用されていることが明らかになる。ただし例外として、債務者の財産が主倒産手続が開始された国以外の他国にある場合には従倒産手続の開始を認めている。従ってEU倒産規則は徹底した普遍主義を採用しているのではなく、例外も認めているという点で、論者によっては、「修正普遍主義」(Modifizierte Universalität) と呼んでいる。

主倒産手続であれ、従倒産手続であれ、倒産手続及びその効果は、手続が開始される加盟国の倒産法によって処理される（規則4条1項）。倒産手続開始時に手続開始国以外の加盟国の領土内にある債務者の有体財産、無体財産、動産、不動産を対象とする債権者又は第三者の物的権利は、倒産手続の開始によって制限を受けない。つまりドイツで主倒産手続が開始されていても、フランスにある債務者の財産に対しては、債権者はフランス法に基づいて物的権利を行使することができることになる（規則5条1項）。

第2章は、倒産手続の承認に関する規定を置いているが、第3条により管轄権を有するある加盟国の倒産裁判所が開始した主倒産手続は、その開

始決定の効力が生じた場合には、他の加盟国においても承認される（規則16条1項）。第3条1項により開始された倒産手続は、特別の方式を要することなく、他の加盟国において同様にその効力が生ずることになる（17条1項）。ただし、各加盟国は、他の加盟国で開始された倒産手続の承認又はその手続において下された裁判の執行が各加盟国の公序、とくに基本原則又は憲法上保障された個人の権利と自由に明らかに反する結果となる場合に限り、その承認又は執行を拒否することができる（規則26条）。

第3条1項により管轄権を有する裁判所が選任した管財人は、手続開始国により付与された全ての権限を、他の加盟国の領土内でも行使することができる。ただし、他の加盟国で別の倒産手続が開始されている場合は管財人の権限は制限される（規則18条1項）。

第3章は従倒産手続について規定している。加盟国の裁判所が他の加盟国において承認される第3条1項の手続（主倒産手続）を開始したときは、当該他の加盟国の第3条2項により管轄権を有する裁判所は、当該他の加盟国において債務者の支払不能を審査せずに、従倒産手続を開始することができる。ただしこの従倒産手続は清算型の倒産手続に限る（規則27条）。従倒産手続の準拠法は、その従倒産手続が開始された国の法規が適用される（規則28条）。

主倒産手続と従倒産手続の各管財人は、相互に情報を交換する義務を負い、双方の管財人は、相手方の手続にとって有意義な全ての情報とくに債権の届出及び評価の状況並びに倒産手続を終了させるための全ての措置を遅滞なく相互に知らせなければならない（規則31条1項）。

債権者はすべて主倒産手続と従倒産手続の両方に債権を届け出ることができる（規則32条1項）。また主倒産手続と従倒産手続の各管財人は、自己に届け出られた債権を相手方の管財人に対しても債権届出をしなければならない（規則32条2項）。

第4章は債権者の債権届出の通知について規定している。ある加盟国において倒産手続が開始された場合には、管財人は、他の加盟国にいる債権

者に対して遅滞なく倒産手続開始について通知し、債権届出の機会を与えなければならない（規則40条1項）。債権者は、債権届出に際しては、所持する証拠書類の写しを送付し、債権の種類、成立時及びその額を連絡し、さらにその債権につき優先権、物的担保権又は所有権留保を主張するかどうか、及びその主張する担保目的物がどの資産であるかについて届出しなければならない（規則41条）。

　以上がヨーロッパ倒産手続規則の概要である。この規則が加盟国の特別立法を要することなく、直接に加盟国に対して効力を及ぼすことにより、ヨーロッパ連合の域内市場では、国境を越えて発生する倒産事件については、統一的な倒産処理手続が保障されることになったと言えよう。この規則において重要なことは、主倒産手続と従倒産手続の管轄が調和をもって規制されることと、両倒産手続の倒産管財人が国境を越えて協力し合うことにより、一部の強力な債権者だけが他の債権者に比べて有利に配当を受けることなく、債権者平等主義が貫徹されることの二点である。

3　ドイツにおける EU 規則の適用

　ドイツには元々国内法としての「国際倒産法」という法律はなかった。ところが破産法と和議法を廃止し、根本的に新しい倒産法制を作ろうとする立法作業の中で、当然のことながら国際倒産法についての規制も新しい倒産法の中に織り込もうと立法者が考え、専門の委員会が設置されていた。そして倒産法の草案が作成された段階で、同時に、21か条から構成される国際倒産の章が設けられた。しかしながら折からヨーロッパ連合においてヨーロッパ国際倒産条約が制定されたことから、倒産法の政府草案が国会に提出された1994年4月の段階では、国際倒産の章は削除され、これに代わって「倒産法施行法」（Einführungsgesetz zur Insolvenzordnung）の第102条の中に極めて簡単な内容であるが、ドイツの国際倒産法についての包括的な規定が置かれた。しかしその後、ヨーロッパ倒産手続規則が成立したことに伴い、この規則を国内法に置き換えるための立法として、倒

産法施行法102条は改正された。本来、EUの規則は加盟国に対して直接通用力を有していることから、国内法に置き換える（Umsetzung）という加盟国の立法作業は必要としないのであるが、ドイツは、あえてEU倒産手続規則をドイツ国内において円滑に適用するために102条に合計11か条からなる詳細な規定を置いた。

〈倒産法施行法第102条〉
　　第１条（土地管轄）
　１　倒産手続において、EU倒産規則第３条１項により、ドイツの裁判所に国際管轄が帰属する場合、ドイツ倒産法３条により国際裁判管轄が認められなくても、債務者が自己の主たる利益の中心を有している管轄区域内の倒産裁判所は、専属的に管轄権を有する。
　２　EU規則３条２項により、ドイツの裁判所の管轄が成立する場合には、債務者の営業所がある管轄区域内の倒産裁判所は専属的に管轄権を有する。ドイツ倒産法３条２項が準用される。
　３　EU倒産規則１項及び２項の規定による管轄とは無関係に、EU倒産規則による裁判又はその他の処分は、債務者の財産が存する管轄区域内の各国内裁判所が専属管轄を有する。州政府は、倒産手続の適確な遂行又は迅速な解決のために、法規命令によりEU倒産規則による裁判又は処分を複数の倒産裁判所がある場合には、その内の一つを割り当てることができる。州政府は、この権限を州の司法省に委譲することができる。この場合には、ドイツの倒産裁判所は、倒産手続の開始を拒否することができない。なぜならば他の加盟国の裁判所が管轄権を有するからである。

　　第２条（開始決定の理由）
　　　　債務者の財産が、他のヨーロッパ連合の加盟国にあることが認められる場合には、開始決定においては、EU倒産規則第３条による管轄

がドイツの裁判所に生ずるという事実の確定と法的理由付けを簡潔に主張しなければならない。

第3条（管轄競合の紛争の回避）
1 ヨーロッパ連合の他の加盟国の裁判所が主倒産手続を開始した場合には、この倒産手続が係属している限りは、国内の倒産裁判所に申し立てられた倒産財団に属する財産についてのかかる倒産手続の開始を求める申立ては許されない。第1文に反して開始された手続は、継続することは許されない。国内の倒産手続の開始に対しては、外国の主倒産手続の管財人も抗告を申し立てる権限を有する。
2 ヨーロッパ連合の加盟国の裁判所が倒産手続の開始を、EU倒産規則3条1項により、ドイツの裁判所が管轄権を有するという理由で拒絶した場合には、ドイツの倒産裁判所は、他の加盟国の裁判所が管轄権を有する、という理由では倒産手続の開始を拒絶することはできない。

第4条（他の加盟国の裁判所のための倒産手続の休止）
1 倒産裁判所がすでに開始されている倒産手続を第3条1項により続行しようとしない場合には、その裁判所はヨーロッパ連合の他の加盟国の裁判所のために、職権により倒産手続を休止することができる。倒産裁判所は、手続休止前に、倒産管財人、債権者集会、債務者を審尋しなければならない。倒産手続が休止された場合には、各倒産債権者は抗告をする権限を有する。
2 倒産手続の中止前にすでに手続の効力が発生し、この手続の継続に制限されない倒産手続の効力は、たとえヨーロッパ連合の他の加盟国で開始されてEU規則によりドイツ国内に拡張される外国倒産手続と矛盾する場合であっても開始されている倒産手続の効力は存続する。中止される手続の係属中に、ドイツの倒産管財人によりまたは当該管

財人に対してその職務の遂行の際になされた法律的行為の効果も同様とする。
3　本条１項により手続を中止する前に、倒産手続が係属しているドイツ以外のEUの加盟国裁判所に手続の中止につき公告しなければならない。同時に、中止されるドイツ倒産手続が開始時にどのように公告されたか、その手続開始がどの公簿に登録されるかを、倒産管財人は誰であるかを当該裁判所に伝えなければならない。中止決定においては、どのEUの加盟国裁判所のためにドイツの手続が中止されるのかが表示される。当該裁判所に中止決定の正本が送付される。債務者が管理処分権を回復するという倒産手続廃止の効力に関する倒産法215条２項は適用されない。

第５条（公告）
1　EU倒産規則21条１項による裁判の重要な内容の公告の申立ては、第１条により管轄権を有する裁判所に対して行わなければならない。裁判所は、これについてヨーロッパ連合の加盟国において権限のある者によって認証された翻訳を要求することができる。倒産法９条１項及び２項並びに30条１項を準用する。
2　債務者が国内において営業所を有する場合には、前項の公告は職権により行われる。倒産手続の開始が公告された場合には、その終結も同様の方法で公告しなければならない。

第６条（公簿及び登録簿への登録）
1　EU倒産規則22条による登録の申立ては、第１条により管轄権のある裁判所に対して行わなければならない。裁判所は、主倒産手続が開始された国の法律に従って開始された場合には、登録を扱う官署に登録を求める。倒産法32条２項２文は適用されない。
2　登録の形式及び内容はドイツ法に従う。手続開始国の法律がドイツ

法の知らない登録を行う場合には、倒産裁判所は、手続開始国の登録にもっとも近似している登録方法を選択することができる。

3　管轄権のない裁判所に第１項又は第５条１項による申立てがなされた場合には、当該裁判所はこの申立てを遅滞なく管轄権のある裁判所に移送し、このことについて申立人に対して報告をしなければならない。

第7条（不服申立て）

　　第５条又は第６条による倒産裁判所の裁判に対しては、即時抗告を申し立てることができる。倒産法７条を準用する。

第8条（手続開始決定に基づく執行）

1　主倒産手続の管財人が手続開始国の法律に従って、手続開始についての決定に基づき債務者の支配下にある物の引渡しを強制執行の方法で実行する権限を有する場合には、EU倒産規則25条１項１文後段が国内の執行可能宣言について適用される。強制執行の方法による倒産財団の目的物の換価については、第１文を準用する。

2　第６条３項を準用する。

第9条（倒産計画）

　　倒産計画が、債権者の権利について支払猶予、支払免除又はその他の制限を予定している場合には、倒産計画は、全ての関係する債権者が倒産計画に同意する場合に限り、倒産裁判所により認可されることが許される。

第10条（換価の中止）

　　主倒産手続の管財人の申立てに基づき、EU倒産規則33条により国内の従倒産手続において目的物の換価を中止する場合には、債権者に

は倒産財団から遅延利息が支払われなければならない。

第11条（債権者への通知）
　倒産開始決定の他にヨーロッパ連合の加盟国に自己の滞在地、住所、又は居所を有する債権者には、倒産法177条による事後の債権届出の結果について教示する指示を送達しなければならない。倒産法 8 条を準用する。

　これら11か条からなる倒産法施行法の国際倒産に関する規制は、EU 倒産規則をドイツ国内において適用する場合に、ドイツの国際倒産法（ドイツ倒産法第11編国際倒産法）との調和を求めたものである。しかしこれらの規定は、あくまでヨーロッパ連合内における倒産事件の処理に関するものであって、第三国との関係について規制しているものではない。例えばドイツとアメリカ合衆国あるいは日本との間の第三国との国際倒産事件を規制する法律は、倒産法第11編の国際倒産法の項目において規定されている第335条〜358条の24か条が規定している。

二　ドイツの国際倒産法

1　条文の構成と基本原則

　ドイツ倒産法の第11編に国際倒産法について規定されているが、三つの節から成り立っている。第 1 節「総則」、第 2 節「外国の倒産手続」、第 3 節「国内の財産に関する特別手続」で、条文数は合計23か条である。国内法としてのドイツ国際倒産法は、第335条で「倒産手続とその効果は、本法に別段の定めがない限り、手続が開始された国の法律に従う。」と規定し、いわゆる「普遍主義」の原則を採用している。しかしながら外国で開始された倒産手続については、無条件にドイツ国内においてその効果を承認するのではなく、第343条 1 項は、①手続開始国の裁判所がドイツ法に

よれば管轄権を有しない場合、②承認することが、ドイツ法の重要な諸原則と明らかに一致しない結果に至る場合、のいずれかの事由に該当する場合には外国の倒産手続の開始はドイツ国内では承認されない。

さらに債務者の全財産についての倒産手続の開始についてドイツの裁判所が管轄権を有しない場合であっても、債務者がドイツ国内に営業所又はその他の財産を有する場合には、債権者の申立てがあれば、ドイツ国内においても債務者の国内にある財産については特別の倒産手続を開始することができる、としていわゆる並行倒産手続の可能性を認めている（354条1項）。

これら外国の倒産裁判所の倒産手続の承認の件とこの特別倒産手続の承認の件から、「一つの倒産事件には一つの倒産手続」という徹底した「普遍主義」を採用しているのではなく、一定程度の修正を加えたいわゆる「修正普遍主義」を採用していることになる。

2　lex fori concursus　原則とその例外

上述したように、ドイツ国際倒産法335条は、倒産手続とその効力は、原則として倒産手続が開始される国の法律に従うという原則、いわゆるlex fori concursus（破産国の法廷地法原則）の原則を採用している。これはEU倒産規則の原則とも合致し、現在では、一般に国際的に承認されているものである。しかしこの原則についてはいくつかの例外があり、それが336条から342条に規定されている。

例えば、338条の相殺についての規定であるが、これによれば相殺に関する倒産債権者の権利は、倒産手続の開始により影響を受けない。つまり倒産手続開始時に倒産債権者が債務者の債権について基準となる法律により相殺権限を有している場合、相殺は許されることになる。同様に倒産否認についても、手続開始国の法律によれば倒産否認の要件が具備しておれば、法律的行為は否認することができるが、ただし、相手方がその法律的行為については他の国の法律が適用され、かつこの法律行為がその国の法

律によりなんら否認することは許されないということを立証した場合には、倒産否認は認められない（339条）。

債権者は自己の債権を債務者の財産について開始される全ての倒産手続において届出をすることができる（341条）。とくに複数の国で同一の債務者の財産をめぐって複数の倒産手続が開始されている場合に、債権を分割して届け出るのではなく、それぞれの倒産手続の管財人に全額の債権届出をすることができるというものである。また倒産管財人も自己に届け出られた債権について、他国で開始されている倒産手続にその届け出られている債権について自ら新たに届け出ることができる。これによってそれぞれの国で開始されている倒産手続の協同が実現され、債権者が全ての倒産手続に債権届出をする、という負担から解放されることになる。

3 外国倒産手続の承認

第343条は外国で開始された倒産手続についてのドイツ国内における承認の要件を定めているが、基本的には外国倒産手続はドイツでも承認される。ただし、①手続開始国の倒産裁判所がドイツ法によれば管轄権を有しない場合、②外国倒産手続の承認がドイツ法の重要原則と一致しない場合、の各事由のいずれかに該当する場合には、外国倒産手続はドイツでは承認されない。ここで特に重要なのは、物的権利に関する倒産法351条1項の適用について、この規定により、外国における倒産手続開始時にドイツ国内に存在した倒産財団の目的物に対する第三者の権利は、とくにドイツ法により取戻請求権又は別除権が保証される目的物に対する第三者の権利は、外国における倒産手続が開始されたとしても何ら影響を受けるものではない。このやり方は、EU倒産規則第5条に相応するものであるが、これは結果として、目的物に対して担保権を有する債権者が外国における倒産手続開始において自己の権利を無制限に主張できるということになる。ただし、ドイツ国内にあり、債務者の財産からの目的物に関わるものである場合に限る。従って、外国における債務者の財産について倒産手続

が開始された場合には、債権者は、国内における担保権の換価を債権者は主張することができる。この換価権の行使について外国の倒産手続により制限されることはない。

4 保全処分命令

　第344条1項は、「外国において主手続の開始前に保全管財人が選任された場合には、その者の申立てに基づき、管轄権を有する倒産裁判所は、国内の従倒産手続により把握されている財産の保全のために必要と思われる処分を第21条によって命ずることができる。」と規定している。第21条は、倒産裁判所による保全処分命令に関する規定であるが、外国倒産手続において保全管財人が任命されている場合、ドイツ国内のどこかの倒産裁判所にまだ倒産手続開始の申立てがなされていなくても、外国の保全管財人がドイツの裁判所に保全処分命令についての申立てをし、ドイツ国内にある財産の保全をすることができるというもので、画期的なものである。外国における主倒産手続の保全管財人は、ドイツ倒産法21条が認めている保全処分を全て発令するようドイツの裁判所に申し立てすることができる。この保全処分命令は、ドイツ法に服し、それゆえに直ちに承認・執行の要件なしにも適用されるという点でも注目に値する。

5 特別倒産手続・従倒産手続

　債務者の全財産についての倒産手続の開始についてドイツの裁判所は管轄権を有するわけではないが、しかしながら債務者がドイツ国内において営業所又はその他の財産を有する場合には、債権者の申立てがあれば、債務者のドイツ国内にある財産について特別の倒産手続の開始が認められる（354条1項）。

　債務者がドイツ国内に営業所を有しない場合には、債務者がドイツ国内における特別の倒産手続の開始について「特別の利益」を有する場合には、とくに債務者が外国における倒産手続においては国内の手続に比べて

著しく不利益を受けると見込まれる場合には、債権者による特別手続の開始の申立てが認められる（同条2項）。この「特別の利益」は申立人が疎明しなければならない。

6 倒産管財人間の協力

ドイツ国内で開始された倒産手続の倒産管財人は、外国で開始されている主倒産手続にとって意義があると思われる全ての情報を外国の倒産管財人に遅滞なく通知しなければならない（357条1項）。外国の倒産管財人は、ドイツ国内の倒産手続の債権者集会に参加する権限を有する（同条2項）。また倒産計画が提出されている場合には、外国の倒産管財人にも意見表明の機会を与えなければならない。なお外国の倒産管財人も独自に倒産計画を提出する権限を有する（同条3項）。

7 ドイツ国際倒産法の評価

ヨーロッパ連合の中心的メンバーであるドイツ国は、ヨーロッパ連合の域内市場において生ずる国際倒産事件については、EU倒産規則の適用を受けるが、アメリカ合衆国や日本のような第三国との間に生ずる国際倒産事件については、このドイツ倒産法に規定されている335条～358条の国際倒産法に関する規定の適用を受ける。これにより立法的には包括的な国際倒産法を有していることになるが、しかし具体的な法規の適用においては今後もいろいろ困難な問題が生ずるであろう。とくに外国の法律が適用される場合に、その適用上の問題と言語上の問題が直ちに生じてくるであろう。また国際倒産事件において倒産裁判所と倒産管財人がどの程度法律上規定されている権限を十分に使いこなすことができるかという問題がある。成立はしたが発効しなかったヨーロッパ倒産条約に始まり、EU倒産規則の制定に至る立法作業において、ドイツの果たした役割は極めて大きい。その意味では、ドイツ国際倒産法の立法技術は我々にとっても十分に参考するに値するといえよう。

【資　料】

ドイツ倒産法〔全訳〕
(Insolvenzordnung)
(1994年10月公布　BGBl. IS. 2866)

第1編　総則規定

第1条【倒産手続の目的】

　倒産手続は、債務者の財産の換価及び配当をおこない、又は倒産計画において特に企業の存続のために［本法とは］異なる規則を定めることにより、債務者の債権者に対して共同の満足を与えることを目的とする。誠実な債務者には、その者の残債務を免除する機会が与えられる。

第2条【倒産裁判所としての区裁判所】

　（1）倒産手続については、地方裁判所の所在地がある区域の区裁判所がその地方裁判所の区域に関して倒産裁判所として専属的に管轄権を有する。

　（2）州政府は、手続の真の促進又は迅速な処理のために、法規命令によりその他の区裁判所又は補充的な裁判所を倒産裁判所に指定し、かつ倒産裁判所の管轄区域を特別に定める権限を有する。州政府は、この権限を州の司法行政に委譲することができる。

第3条【土地管轄】

　（1）債務者が普通裁判籍を有する管轄区域にある倒産裁判所は、専属的に土地管轄を有する。債務者の独立の経済活動の中心がその他の場所にあるとき、その場所が管轄区域にある倒産裁判所が専属的に管轄権を有する。

　（2）複数の裁判所が管轄権を有するときは、最初に倒産手続の開始が申立てられた裁判所がその他の裁判所を排除する。

第4条【民事訴訟法の適用】

　倒産手続には、本法に別段の定めがない限りは、民事訴訟法の規定を準用する。

第4条a【倒産手続費用の支払猶予】

　（1）債務者が自然人で、免責の申立てをした場合には、その者に免責付与があるまでは倒産手続の費用は支払猶予される。但し、この費用を賄うのために自然人の財産が十分でないと見込まれる場合に限る。債務者は、この申立て

に、第290条１項１号及び３号の拒否事由の存否についての宣言を添付しなければならない。かかる事由が存する場合には、支払猶予は認められない。

（２）債務者に手続費用の支払が猶予された場合には、弁護士による代理が裁判所に課せられた配慮にもかかわらず必要と思慮される時は、自然人には、申立てにより、代理のために用意されている弁護士が選択により選任される。

（３）支払猶予は、以下のことをもたらす。

１．連邦又は州の国庫は、
　a）　未払いでかつすでに発生している裁判所費用
　b）　選任された弁護士の債務者に生じている請求

を裁判所に関わる規定に基づいてのみ債務者に対して主張することができる。

２．選任された弁護士は、債務者に対する報酬請求を主張することができない。

支払猶予は、いずれの手続段階についても認められる。支払猶予についての決定までは、第１文に掲げられている効力は仮に認められる。第４条ｂ第２項を準用する。

第４条ｂ【支払猶予された金額の償還と適応】

（１）債務者が免責付与の後に、支払猶予された金額を自己の収入及び財産から支払うことができない場合には、裁判所は、支払猶予を延長し、月額の支払額を確定することができる。民事訴訟法115条１項及び２項並びに120条２項を準用する。

（２）裁判所は、基準となる人的及び経済的諸関係に重要な変更が生じた場合には、支払猶予及び月額支払額についての決定をいずれも変更することができる。債務者は、裁判所に対してこれらの諸関係の変更を遅滞なく届け出なければならない。民事訴訟法120条４項１文及び２文を準用する。手続が終了後、４年間が経過した場合には、債務者の不利益に変更をすることはできない。

第４条ｃ【支払猶予の取消し】

裁判所は、以下の場合には、支払猶予を取り消すことができる。

１．債務者が、故意又は重大なる過失により、倒産手続の開始又は支払猶予について基準となる事情についての不適正な説明をしたか又は裁判所から要求された債務者の諸状況についての説明を行わなかった場合

2．支払猶予のための人的又は経済的諸条件が存在しなかった場合。この場合には、手続終了後4年が経過した場合には、取消しは許されない。
3．債務者が3か月以上、月額の支払又はその他の金額の支払を支払わなかったことについて責任がある場合
4．債務者が相応の所得を得る仕事をしなかったこと、そして仕事がない時に、仕事を得る努力を怠り、又は期待できる活動を拒否した場合。第296条2項2文及び3文を準用する。
5．免責が拒否されたか又は取り消された場合。

第4条d【不服申立て】

（1）支払猶予の拒絶又は取消し並びに弁護士の選任の拒絶に対しては、債務者には、即時抗告が認められる。

（2）支払猶予が認められる場合には、国庫は即時抗告ができる。即時抗告は、債務者の人的又は経済的諸条件により支払猶予が拒否される可能性があることを根拠としなければならない。

（3）債権表及び財産目録は、機械により作製し、処理することができる。

第5条【手続原則】

（1）倒産裁判所は、職権により倒産手続にとり重要であるすべての事情を調査することができる。この目的のために特別に証人及び鑑定人を尋問することができる。

（2）倒産裁判所のする裁判は、口頭弁論を経ないですることができる。口頭弁論を行なう場合には、民事訴訟法第227条第3項第1文は適用されない。

（3）一覧表及び目録は、機械により作成し、かつ処理することができる。

第6条【即時抗告】

（1）倒産裁判所のする裁判に対しては、本法に即時抗告の定めがある場合に限り、不服申立てをすることができる。

（2）抗告期間は、裁判の言渡しによって始まり、裁判の言渡しがない場合にはその裁判の送達によって始まる。

（3）抗告についての裁判は、確定により効力を有する。ただし、抗告裁判所は、その裁判が即時に効力が生ずるよう命ずることができる。

第7条【再抗告】
即時抗告についての裁判に対しては、再抗告が許される。

第8条【送達】
（1）送達は、職権によりこれをおこなう。送達は、郵便によりこれをおこなうことができる。送達書類の認証は、これを必要としない。

（2）居所が知れない者に対しては、送達されない。その者が送達受領権限のある代理人を有する場合には、その代理人に送達する。

（3）倒産裁判所は、倒産管財人に送達の実施を委託することができる。

第9条【公告】
（1）公告は、裁判所の職権による公告のために定められた新聞における公表又は、裁判所にさだめられている電磁的情報及びコミュニケーション・システムによりおこなわれる。公表は、要約してこれをおこなうことができる。その場合に、債務者を正確に表示しなければならず、特にその者の住所及び業種を掲記しなければならない。公告は、公表の日から二日が経過した後に効力を生じるものとする。

（2）倒産裁判所は、公表の追加及び公表への反復を要請することができる。連邦司法省には、法規命令により連邦参議院の同意を得て電磁的情報及びコミュニケーション・システムによる公表の詳細について規定する権限が与えられる。この場合には、特に抹消期間並びに以下の公表を確保する規定を定めることができる。

1．公表が瑕疵なく、完全にかつ最新のものであること
2．その根拠の資料ごとに分類すること
3．技術水準上、第三者にコピーできないこと

（3）公告は、本法がすべての関係人への送達のほかに特別送達を規定する場合にも、すべての関係人に対する送達の証明に代えることができる。

第10条【債務者の審尋】
（1）本法が債務者の審尋を規定している場合は、債務者が外国に居住し、かつ審尋が手続を著しく遅滞せしめるとき、又は、債務者の居所が知れないとき、その審尋をおこなわないことができる。このときには、債務者の代理人又

は親族を審尋するものとする。

（2）債務者が自然人でないときは、第1項は、債務者を代表する権限がある者又は債務者に対する関係人の審尋に準用される。

第2編　倒産手続の開始／財産の把握及び手続関係人

第1章　開始要件及び開始手続

第11条【倒産手続の許容性】

（1）倒産手続は、すべての自然人及びすべての法人の財産に関して開始することができる。法人格のない社団は、この限りで法人と同等の地位を有する。

（2）倒産手続は、その他以下のものについて開始することができる。
1．法人格のない会社（合名会社、合資会社、民法上の会社、合同出資船舶会社、ヨーロッパ経済利益団体）の財産について
2．本法第315条から第334条までの規定による、相続財産、継続的夫婦財産共同制の含有財産、又は、配偶者が共同に管理する夫婦財産共同制の含有財産について

（3）法人の解散又は法人格のない会社の解散後、倒産手続の開始は、財産の分配がなされていない限りで許される。

第12条【公法上の法人】

（1）倒産手続は、以下の財産については許されない。
1．連邦又は州の財産
2．州の監督に服し、これを州法が定めた場合の公法上の法人の財産

（2）州が第1項2号に従い法人の財産についての倒産手続を不適法と宣言したときは、この法人が支払不能又は債務超過である場合には、この法人の使用人は、その者が倒産手続が開始した場合であれば倒産欠損補充金に関する労働促進法の規定に従って労働官庁に請求することができ、そして、企業による老齢手当の改善のための法律の諸規定に従って倒産保険の保険者に請求することができる給付を、州に対して求めることができる。

第13条【開始申立て】

（1）倒産手続は、申立てに基づいてのみ開始される。債権者及び債務者は、申立ての権限を有する。

（2）申立ては、倒産手続が開始するまで又は申立ての却下が確定するまで、取下げることができる。

第14条【債権者の申立て】

（1）債権者の申立ては、債権者が倒産手続の開始に対して法律上の利益を有し、かつその者の債権及び開始原因を疎明するときは、許される。

（2）申立てが許されるときは、倒産裁判所は、債務者を審尋しなければならない。

第15条【法人及び法人格のない会社の場合の申立権】

（1）法人又は法人格のない会社の財産についての倒産手続の開始を求める申立てについては、債権者のほか、代表機関の各構成員、法人格のない会社又は株式合資会社の場合には無限責任を負う各社員、及び各清算人がその権限を有する。

（2）申立てが代表機関の構成員、無限責任を負う社員、又は清算人の全員によって提起されないときは、開始原因が疎明される場合に、この申立ては許される。倒産裁判所は、代表機関のその他の構成員、無限責任を負う社員、又は清算人を審尋しなければならない。

（3）法人格のない会社の場合に無限責任を負う社員が自然人ではないとき、第1項及び第2項は、これを会社の代表権限を有する社員である組織上の代表者及び清算人に準用する。社員の結合が同様にして継続するときも、同項を準用する。

第16条【開始原因】

倒産手続の開始は、開始原因の存在を要件とする。

第17条【支払不能】

（1）一般の開始原因は、支払不能とする。

（2）債務者は、期限の到来している支払義務を履行することができないと

き、支払不能となる。支払不能は、原則として、債務者がその支払を停止したときにこれを認めることができる。

第18条【支払不能の虞れ】

（１）債務者が倒産手続の開始を申立てたとき、支払不能の虞れもまた開始原因とする。

（２）債務者は、その者が現存の支払義務を履行期到来時に履行できないことが見込まれるとき、支払不能の虞れがあるものとする。

（３）法人又は法人格のない会社の場合に、申立てが代表機関の構成員、無限責任を負担する社員、又は、清算人のすべてによって提起されないとき、第１項は、申立人が法人又は会社の代表権限を有するときに限り、適用することができる。

第19条【債務超過】

（１）法人においては、債務超過もまた開始原因となる。

（２）債務者の財産が、現存の債務をもはや賄えないとき、債務超過となる。ただし、債務者の財産を換価する場合に、企業の継続は、それが諸事情から優越的蓋然性をもって見込まれる場合には、債務者の財産の換価に際して、これを基礎とすることができる。

（３）法人格のない会社の場合に、無限責任を負う社員が自然人ではないときは、第１項及び第２項の規定を準用する。ただし、無限責任を負う社員が自然人である他の会社が無限責任を負う社員であるときは、この限りではない。

第20条【開始手続における情報提供義務】

（１）申立てが許されるとき、債務者は、この申立てについての裁判に必要である情報を倒産裁判所に提供しなければならない。第97条、第98条、第101条第１項１文２文、第２項は、これを準用する。

（２）債務者が自然人である場合には、その者には第286条乃至第303条の要件に従って免責を求めることができることを教示しなければならない。

第21条【保全処分の命令】

（１）倒産裁判所は、債務者の財産状況につき、申立てについての裁判に至

るまで債権者に不利益な変更を防止するために、必要と思われるすべての措置を採ることができる。この措置の命令に対しては、債務者は即時抗告をすることができる。

（2）裁判所は、特に以下の処分を命ずることができる。

1．本法第56条、第58条から第66条が準用される保全管財人の任命

2．債務者に対する一般的処分禁止命令、又は債務者の処分に際して保全管財人の同意を得ることの命令

3．債務者に対する強制執行の処分の禁止の命令、又は仮処分の命令、ただし、不動産を除く

4．暫定的な郵便の制限。これには第99条、第101条1項1文を準用する。

　保全処分の命令は、信用法第1条第17項に基づく金融担保に関する処分の有効性及び信用法第1条第16項によりシステムに組み込まれている振込送金契約、支払契約又は譲渡契約に基づく請求と給付の清算の有効性に影響を及ぼすものではない。

（3）他の処分では足りないとき、裁判所は債務者を強制的に引致し、かつ審尋の後に拘引することができる。債務者が自然人でないときは、法人の組織上の代表者を同様に扱う。拘引の命令には、第98条第3項を準用する。

第22条【保全管財人の法的地位】

（1）保全管財人が任命され、かつ債務者に一般的処分禁止命令が課せられるとき、債務者の財産に関する管理及び処分をなす権限は、保全管財人に属する。この場合には、保全管財人は、以下の権限を有する。

1．債務者の財産の保全及び保管

2．債務者の著しい財産の減少を防ぐために債務者が営む企業の倒産手続の開始についての決定までの継続、ただし、倒産裁判所が企業の閉鎖に同意しない場合に限る

3．債務者の財産が手続の費用を償うか否かの審査、開始原因の存否及び債務者の企業の継続の見込みについて、裁判所は、保全管財人に鑑定人としてこれを調査することを追加処分として委託することができる。

（2）債務者が一般的処分禁止命令が課せられることなく保全管財人が選任されるとき、裁判所は、保全管財人の義務を定めなければならない。これは、第1項2文による義務の範囲を越えることができない。

（3）保全管財人は、債務者の事業所に立ち入り、かつその場所にて調査をおこなう権限を有する。債務者は、保全管財人に自己の帳簿及び業務用書類の閲覧をさせなければならない。本法第97条、第98条、第101条第1項1文2文、第2項は、これを準用する。

第23条【処分権制限の公告】
（1）本法第21条第2項2号に定める処分権の制限を命じかつ保全管財人を選任する決定は、公告しなければならない。この決定は、債務者、第三債務者、及び保全管財人に特別に送達しなければならない。第3債務者に対しては、同時に、決定にしたがってのみ履行の催告をすることができる。

（2）債務者が商業登記簿、協同組合登記簿又は社団登記簿に登記されているときは、倒産裁判所の事務課は、決定の正本を登記裁判所に付与しなければならない。

（3）土地登記簿、船舶登記簿及び航空機の質権登記簿への処分権制限の登記に関しては、本法第32条、第33条の諸規定を準用する。

第24条【処分権制限の効力】
（1）本法第21条第2項2号に定める処分権制限に違反する場合には、第81条、第82条を準用する。

（2）債務者の財産に関する処分権限が保全管財人に移転しているときは、係属中の訴訟の受継に関しては、第85条1項1文及び第86条を準用する。

第25条【保全処分の取消】
（1）保全処分が取消されるときは、処分権制限の取消しの公告については、第23条を準用する。

（2）債務者の財産に関する処分権限が保全管財人に移転しているときは、保全管財人は、解任の前に生じた費用をその者により管理される財産から支弁し、かつその者が生じさせた債務を履行しなければならない。継続的債務関係に基づく債務も同様とする。ただし、保全管財人がその者が管理する財産に対して反対給付を請求していた場合に限る。

第26条【財団不足による却下】

（1）倒産裁判所は、債務者の財産が手続費用を償うのに十分ではないことが見込まれるときは、倒産手続の申立てを却下する。十分な金額が予納される場合には、却下はされないものとする。

（2）裁判所は、財団不足により開始申立てが却下された債務者につき、その者を表に記載しなければならない（債務者表）。民事訴訟法による債務者表に関する規定は、これを準用する。ただし、その抹消期間は、5年とする。

（3）第1項2文により予納金を支払った者は、会社法の規定に反して倒産手続開始の申立てを不法にかつ有責に申立てを提起しなかった各人から、予納金の償還を請求することができる。その者が不法にかつ有責に行為したか否かにつき争いがあるとき、その者がその証明責任を負担する。この請求権の消滅時効は、5年とする。

第27条【開始決定】

（1）倒産手続が開始されるときは、倒産裁判所は、保全管財人を選任する。第270条、第313条第1項は、その適用を妨げられない。

（2）開始決定には、以下のものを記載する。
1．債務者の商号又は姓名、業種又は仕事、営業上の支店又は住居
2．保全管財人の氏名及び住所
3．開始の時間

（3）開始の時間が掲記されないときは、開始の時間は、決定が発布された日の正午とする。

第28条【債権者及び債務者に対する催告】

（1）開始決定においては、債権者に、その者の債権を第174条を遵守し、一定期間内に倒産管財人に届出ることを催告することができる。この期間は、2週間以上、3ヵ月以内の期間で決定しなければならない。

（2）開始決定においては、債権者には、その者がどのような担保権を債務者の動産又は権利に対して有するかを管財人に遅滞なく通知するよう催告しなければならない。担保権の目的物については、その種類ならびに発生原因及び被担保債権を表示しなければならない。この通知を有責に懈怠又は遅滞した者は、これにより生ずる損害につき賠償する責任を負う。

（3）開始決定においては、第三債務者に対して、債務者に対してではなく管財人に対して給付を履行するよう催告しなければならない。

第29条【期日の決定】
（1）倒産裁判所は、開始決定において、以下の期日を定める。
1．保全管財人の報告を基礎として倒産手続の続行を決定する債権者集会の期日（報告期日）。この期日の決定は、6週間を超えないものとし、かつ三ヵ月を超えることは許されない。
2．届出債権を調査する債権者集会の期日（調査期日）。届出期間の経過と調査期日の間の期間は、一週間以上二ヶ月以下でなければならない。
（2）前項の各期日は、併合することができる。

第30条【開始決定の公告／残債務免責の指摘】
（1）倒産裁判所の事務課は、開始決定を直ちに公告しなければならない。この公告は、第9条に係わりなく、その要旨を官報に掲載するものとする。
（2）この決定は、債権者ならびに第3債務者及び債務者自身に特別に送達しなければならない。
（3）倒産手続の開始に関しては、債務者が自然人であるときは、この債務者に対して、この者が第286条から第303条までの規定にしたがい免責を得ることができる旨を指摘しなければならない。

第31条【商業登記簿、協同組合登記簿及び社団登記簿】
債務者が、商業登記簿、協同組合登記簿又は社団登記簿に登記されているときは、倒産裁判所の事務課は、以下ものを登記裁判所に送付しなければならない。
1．倒産手続の開始の場合には、開始決定の正本
2．債務者が財団不足を理由とする却下により解散される法人又は法人格のない会社であるときで、財団不足により開始申立が却下される場合には、その却下決定の正本

第32条【不動産登記簿】
（1）倒産手続の開始は、以下の場合に不動産登記簿に登記するものとする。

1．土地につき債務者が所有者として登記されている場合
2．土地及び登記された権利に対する権利につき、債務者のために登記されている場合で、その権利の種類及び事情によりその登記がなければ倒産債権者が不利益を受ける虞が認められる場合

　（2）前項の土地又は権利が倒産裁判所に知れる限りは、倒産裁判所は、職権により登記所に登記を嘱託しなければならない。この登記は、倒産管財人もまた登記所において申立てることができる。

　（3）手続の開始が登記された土地又は権利が管財人により管理を解かれ、又は処分されるときは、倒産裁判所は、申立てに基づき登記所に登記の抹消を嘱託しなければならない。この抹消は、管財人もまた登記所において申立てることができる。

第33条【船舶及び航空機についての登記簿】

　船舶登記簿、建造中の船舶登記簿及び航空機の質権登記簿への倒産手続開始の登記には、第32条を適用する。この場合には、土地を、登記簿に登記された船舶、建造中の船舶及び航空機と読み替え、かつ土地登記所を、登記裁判所と読み替える。

第34条【上訴】

　（1）倒産手続の開始が拒絶される場合には、申立人及び第26条により申立ての却下がなされるときに、債務者は、即時抗告をすることができる。

　（2）倒産手続が開始される場合には、債務者は、即時抗告をすることができる。

　（3）開始決定を取消す裁判が確定により効力を生じたときは、直ちに手続の取消を公告しなければならない。この場合には、第200条第2項2文3文を準用する。倒産管財人のおこなう法律的行為、又は倒産管財人を相手方としてなされた法律的行為は、この取消によってその効力を妨げられない。

第2章　倒産財団／債権者の分類

第35条【倒産財団の概念】

　倒産手続は、手続開始時に債務者に帰属し、かつ債務者がこの手続中に取得

する全財産を対象とする（倒産財団）。

第36条【差押不可能である物】
（1）強制執行が許されない目的物は、倒産財団に属しない。
（2）ただし、以下のものは、倒産財団に属する。
1．債務者の商業帳簿。ただし、書類の保管に関する法律上の義務は、存続する。
2．民事訴訟法第811条4号及び9号により強制執行が許されない物
（3）通常の家財に属しかつ債務者の家事において利用される物は、それらの物の換価により価値に見合わない売得金しか得られないことが即時に明らかであるときは、倒産財団に属さない。
（4）第1項第2文に定められている規定により、目的物が強制執行に服するか否かの裁判については、倒産裁判所は管轄権を有しない。債権者に代わり倒産管財人が申立権限を有する。開始手続については第1文と第2文が準用される。

第37条【夫婦財産共同制における合有財産】
（1）夫婦財産共同制の財産配分規定において合有財産が専ら一方の配偶者により管理され、かつその配偶者の財産につき倒産手続が開始される場合には、その合有財産は、倒産財団に属する。合有財産の分割は、これをおこなわない。他方の配偶者の財産に関する倒産手続によっては、合有財産は、影響を受けない。
（2）配偶者が共同で合有財産を管理する場合には、合有財産は、一方の配偶者の財産に関する倒産手続により影響を受けない。
（3）第1項は、夫婦財産共同制の継続に際しては、合有財産を、単独で管理する配偶者を存命中の配偶者と読み替え、かつ他方の配偶者を、卑属と読み替えて適用するものとする。

第38条【倒産債権者の概念】
倒産財団は、倒産手続開始時に根拠を有する債務者に対する財団請求権を有する個人債権者（倒産債権者）の満足に供する。

第39条【劣後的倒産債権者】

（1）以下の債権は、同一順位では金額に応じて、以下の順序で、倒産債権者の残余債権に後れてこれを支払う。
1．倒産手続開始以後に生ずる倒産債権者の債権の利息
2．個々の債権者にその者の手続参加により生じる費用
3．罰金、過料、秩序金ならびに強制金、及び、犯罪行為又は秩序違反の金銭支払いを義務づける付随効果
4．債務者の無償の給付を求める債権
5．組合員の出資した消費貸借目的物の返還を求める債権又は同等の債権

（2）債権者と債務者との間で倒産手続における後順位を合意した債権は、疑いがあるときは、第1項に定める債権に後れてこれを支払う。

（3）後順位倒産債権者の債権の利息及び後順位倒産債権者に手続参加により生ずる費用は、後順位債権者の債権と同一順位とする。

第40条【扶養請求権】

家族法上の扶養請求権及び家族法上の非嫡出子の母親の債務者に対する補償請求権は、債務者が義務者の相続人として責任を負う場合に限り、倒産手続において開始後の分につき行使することができる。第100条の適用は、妨げられない。

第41条【弁済期未到来の債権】

（1）弁済期未到来の債権は、弁済期にあるものと看做す。

（2）弁済期未到来の債権が無利息であるとき、法定利率で利息が生ずるものとする。弁済期未到来の債権は、その結果として、倒産手続開始から弁済期までの期間の法定利息を加算することによってその［債権の］全額に達したことになるその［元の］額にまで、減額する。

第42条【解除条件付債権】

解除条件付債権は、条件が成就しなくとも、倒産手続において無条件の債権と同じくこれを扱う。

第43条【多数人の債務】

　多数当事者に同一の給付につき全部の責任を負わせる債権者は、各債務者に対して、倒産手続においてその債権者が完全な満足を得るまで、債権者が手続開始時に求めるべきであった全額を請求することができる。

第44条【連帯債務者及び保証人の諸権利】

　連帯債務者及び保証人は、これらの者が債権者の満足により将来債務者に対して取得しうる債権を、債権者がその債権を行使しないときに限り、倒産手続において行使することができる。

第45条【債権の換算】

　金銭を目的としない債権又は金額が確定していない債権は、倒産手続開始時において評価しうる価値をもって主張することができる。外国通貨又は計算単位で示されている債権は、手続開始時に支払地で基準となる相場価額により内国通貨に換算するものとする。

第46条【回帰的給付】

　金額及び期間が定められている回帰的給付を求める債権は、未到達の給付が第41条の定める中間利息を差し引いたうえで合計されるときに示す金額で、行使することができる。給付の期間の定めがないときは、第45条第1文を準用する。

第47条【取戻】

　物的又は人的権利に基づいて目的物が倒産財団に属しないことを主張する者は、倒産債権者ではない。目的物の取戻を求めるその者の請求権は、倒産手続外において適用のある法律にしたがって定まる。

第48条【代償的取戻】

　取戻を求めることができたはずの目的物が倒産手続開始前に債務者により又は開始後に倒産管財人により無権限に譲渡されるときは、取戻権者は、反対給付がなされいない限りその反対給付を求める権利の譲渡をなお請求することができる。取戻権者は、反対給付が財団に分別できる状態で存在するときに限

り、倒産財団から反対給付を要求することができる。

第49条【不動産目的物からの別除的満足】

不動産への強制執行に服する目的物（不動産目的物）から満足を受ける権利を有する債権者は、強制競売及び強制管理に関する法律の規定により別除的満足を受ける権限を有する。

第50条【質権者の別除的満足】

（1）法律行為による質権、差押により取得された質権又は法律上の質権を倒産財団の目的物に対して有する債権者は、第166条から第173条までの規定により、主たる債権、利息及び費用につき質入れ目的物から別除的満足を受ける権利を有する。

（2）使用賃貸人又は用益賃貸人の法的質権は、手続開始前の最後の12ヶ月前より前の時期の賃料又は用益賃貸料に関して、及び、倒産管財人の告知により支払義務が生ずる賠償に関して、倒産手続において行使することができない。農地の用益賃貸人の質権は、用益賃貸料に関して、制限に服さない。

第51条【その他の別除権者】

以下の者は、第50条に挙げる債権者と同等とする。
1．債務者が請求権の担保のために動産を譲渡したか又は権利を譲渡した債権者
2．債権者が何か物を利用目的で使用した場合に、利用に基づく債権者の債権がなおも存する利益を越えない限りは、物に対して留置権が成立する債権者
3．商法により留置権を有する債権者
4．連邦、州、市町村及び市町村連合で、かつ関税義務及び納税義務の負担のある物が規定にしたがい公課の担保としてこの四主体に役立つとき

第52条【別除権者の欠損】

別除的満足を請求できる債権者は、債務者がこの者に対し人的責任も負う場合に限り、倒産債権者とする。ただし、この債権者は、別除的満足を放棄するか又は別除的満足の際に除外されたときに限り、倒産財団からの持分に応じた弁済を請求することができる。

第53条【財団債権者】

　倒産手続の費用及び特別な財団債務は、倒産財団から先立って支払うものとする。

第54条【倒産手続の費用】

　倒産手続の費用は、以下のものとする。
１．倒産手続のための裁判所の費用
２．保全管財人、倒産管財人及び債権者委員会の構成員の立替金及び報酬

第55条【その他の財団債務】

　（1）以下の債務も、財団債務とする。
１．倒産管財人の行為により又は他に倒産財団の管理、換価及び配当により生じた債務で、倒産手続の費用に属しないもの
２．双務契約に基づく債務で、倒産財団に対し履行が求められるか又は倒産手続開始後の分につき履行されなければならないもの
３．財団の不当利得に基づく債務
　（2）債務者の財産についての処分権限が移転した保全管財人によって生ぜしめられた債務は、手続の開始後は財団債務とする。継続的債務関係に基づく債務は、保全管財人がこの者によって管理される財産について反対給付を請求したときに、また同じ。
　（3）第2項による労働報酬請求権が社会福祉法第3編第187条により、連邦労働庁に移行している場合には、連邦労働庁は労働債権者としてのみこの請求権を主張することができる。この請求権が債務者に存する場合に限り、社会福祉法第3編第208条第1項に規定されている請求権に第1文が適用される。

第3章　倒産管財人／債権者の機関

第56条【倒産管財人の任命】

　（1）倒産管財人は、それぞれの個別の事例にとり適切である自然人、特に経営に詳しくかつ債権者及び債務者とは独立した自然人をもって任命しなければならない。
　（2）管財人は、自己の任命に関する証書を受ける。管財人は、その職務の

終了に際しては、この証書を倒産裁判所に返還しなければならない。

第57条【その他の倒産管財人の選任】
　倒産管財人の任命後におこなわれる第１回債権者集会において、債権者は、その倒産管財人に代えて他の者を選任することができる。裁判所は、選任された者が職務を引受けるにとって適切ではないときに限り、その者の任命を拒否することができる。その拒否に対しては、倒産債権者はいずれも即時抗告をすることができる。

第58条【倒産裁判所の監督】
　（１）倒産管財人は、倒産裁判所の監督に服する。裁判所は、いつでも倒産管財人に、状況及び業務遂行に関する個々の情報又は報告を求めることができる。
　（２）管財人がその義務を履行しないときは、裁判所は、予め警告した後にその者に対して管財人に対する強制金を決定することができる。各強制金は、５万マルクの金額を越えてはならない。この決定に対しては、管財人は、即時抗告をすることができる。
　（３）第２項の規定は、解任された管財人の返還義務の履行に準用する。

第59条【倒産管財人の解任】
　（１）倒産裁判所は、理由が重大な場合に限り、倒産管財人を解任することができる。解任は、職権により、又は管財人、債権者委員会又は債権者集会の申立てによりこれをおこなうことができる。裁判所の裁判の前には、管財人を審尋しなければならない。
　（２）管財人は、解任に対して即時抗告をすることができる。この申立ての却下に対しては、管財人、債権者委員会、又は、債権者集会による申立てのときは、各債権者は、即時抗告をすることができる。

第60条【倒産管財人の責任】
　（１）倒産管財人は、本法によりその者に課せられている義務に故意又は過失により違反したときは、すべての関係人に対して損害を賠償する義務を負う。倒産管財人は、通常かつ善良な倒産管財人の注意義務を負わなければなら

ない。

（２）倒産管財人が管財人としてこの者に課せられている義務の履行につき債務者の使用人をこの使用人の従前の活動範囲内で任命しなければならず、かつこの使用人が明らかに不適切であるとはいえないときには、管財人は、この使用人の故意過失を民法278条により引き継ぐことを要せず、その者の監督及び特に重要である判断についてのみ責任を負う。

第61条【財団債務の不履行】

倒産管財人の法律的行為より生じた財団債務を倒産財団によって完全に履行することができないときは、管財人は、財団債権者に対して損害を賠償する義務を負う。管財人が、債務の発生に際して、財団が明らかに履行に十分ではないことを知りえなかったときには、この限りではない。

第62条【消滅時効】

倒産管財人の義務違反に基づく損害賠償請求権の消滅時効は、被害者が損害及び管財人の賠償義務を基礎づける事情を知った時より三年とする。この請求権は、倒産手続の終結時又は手続廃止の確定の時から遅くとも三年で時効により消滅する。追加配当（第203条）又は計画案実施の監督（第260条）の枠内においてなされた義務違反に対しては、第２文は、倒産手続の終結を追加配当の実施又は監督の終了と読み替えてこれを適用する。

第63条【倒産管財人の報酬】

（１）倒産管財人は、その業務遂行についての報酬及び相当な立替金の償還を求める請求権を有する。報酬の基準額は、倒産手続終了時の倒産財団の価値に従って算定する。管財人の義務遂行の範囲及び難易度は、この基準額とは別に斟酌する。

（２）第４条ａにより、手続費用の支払が猶予された場合には、報酬と立替金については、国庫に請求権が帰属する。但し、それについて倒産財団から支払ができない場合に限る。

第64条【裁判所による確定】

（１）倒産裁判所は、決定により、倒産管財人の報酬及び償還されるべき立

替金を確定する。
　（2）この決定は、公告するものとし、かつ管財人、債務者、及び、債権者委員会が任命されているときは、委員会構成員に対して、特別に送達するものとする。決定した金額は、これを公開しない。この公告には、事務課において決定の全部を閲覧しうることを掲記する。
　（3）決定に対しては、管財人、債務者及び各倒産債権者は、即時抗告をすることができる。民事訴訟法第567条2項は、これを準用する。

第65条【法規命令への授権】
　連邦司法省は、倒産管財人の報酬及び立替金の償還を法規命令によりさらに詳細に規定する権限を有する。

第66条【会計報告】
　（1）倒産管財人は、その職務の終了に際して債権者集会に計算書を提出しなければならない。
　（2）倒産裁判所は、債権者集会に先だって終了計算書を審査する。倒産裁判所は、領収書、審査についての覚書、及び、債権者委員会が任命されているときはその所見を付して、この計算書を関係人の閲覧に供する。倒産裁判所は、債権者委員会に対して、その態度決定のために期間を設定することができる。書類の閲覧開示と債権者集会の期日との間の機関は、少なくとも一週間とする。
　（3）債権者集会は、管財人に対して、手続中の一定の時点に中間計算書を提出することを求めることができる。第1項及び第2項は、これを準用する。

第67条【債権者委員会の設置】
　（1）倒産裁判所は、第1回債権者集会の前に債権者委員会を設けることができる。
　（2）債権者委員会においては、別除権を有する債権者、高額の債権を有する倒産債権者及び少額債権者は、出席を認められるものとする。労働者の代表者が小額であるとはいえない債権でもって倒産債権者として参加しているときには、この代表者は、委員会に属するものとする。
　（3）債権者委員会の構成員には、債権者ではない者をもこれに任命するこ

とができる。

第68条【他の委員の選任】
（1）債権者集会は、債権者委員会を設けるべきか否かを決定する。倒産裁判所がすでに債権者委員会を設けていたときは、債権者集会は、この債権者委員会を存続すべきか否かを決定する。
（2）債権者集会は、倒産裁判所によって任命された構成員を拒否する決議をなし、かつ他の又は追加的な債権者委員会構成員を選任することができる。

第69条【債権者委員会の任務】
債権者委員会の構成員は、倒産管財人の業務遂行にあたりその管財人を援助し、かつ監督しなければならない。構成員は、業務の経過につき情報を収集しなければならず、かつ帳簿及び業務用書類を閲覧すること及び金銭の収支ならびに金銭残高を検査することができる。

第70条【解任】
倒産裁判所は、原因が重大であるとき、債権者委員会の構成員をその職務から解任することができる。解任は、職権により、債権者委員会の構成員の申立て又は債権者集会の申立てに基づいて、これをおこなうことができる。裁判所は、その裁判の前に債権者委員会の構成員を審尋しなければならない。構成員は、この裁判に対しては即時抗告をすることができる。

第71条【債権者委員会の構成員の責任】
債権者委員会の構成員は、その者が故意又は過失により本法により課される義務に違反するときは、別除権を有する債権者及び倒産債権者に対して損害を賠償する義務を負う。第62条の規定は、これを準用する。

第72条【債権者委員会の決議】
債権者委員会の決議は、構成員の過半数が表決に参加し、かつ決議が投票の過半数でなされたときは、これを有効とする。

第73条【債権者委員会の構成員の報酬】

（1）債権者委員会の構成員は、その構成員の活動に関する報酬及び相当な立替金の償還を求める請求権を有する。この場合には、活動に要した時間及びその範囲を斟酌するものとする。

（2）第64条及び第65条の規定は、これを準用する。

第74条【債権者集会の招集】

（1）債権者集会は、倒産裁判所がこれを招集する。すべての別除権を有する債権者、すべての倒産債権者、倒産管財人及び債務者は、債権者集会に参加することができる。

（2）債権者集会の時間、場所及び日程は、これを公告しなければならない。債権者集会において審議が延期されるときは、公告をおこなわないことができる。

第75条【招集の申立て】

（1）債権者集会は、以下の者が申し立てるときは、招集しなければならない。

1．倒産管財人
2．債権者委員会
3．倒産裁判所の評価によれば、すべての別除権の価値及びすべての劣後的ではない倒産債権者の債権額による総額の五分の一に合算して達する別除権及び債権を有する、最低五人の別除権債権者又は非劣後倒産債権者
4．別除権及び債権が倒産裁判所の評価によれば、3号所定の総額の五分の二に達する、ひとり又は複数の、別除権を有する債権者又は非劣後倒産債権者

（2）申立ての受理と債権者集会の期日の間の期間は、二週間を超えてはならない。

（3）招集の申立てが却下されるときは、その申立人は、即時抗告をすることができる。

第76条【債権者集会の決議】

（1）債権者集会は、倒産裁判所により開催される。

（2）債権者集会の決議は、賛成した債権者の債権額の総計が投票した債権

者の債権額の総計の半分を超えるときに成立する。債務者に人的に責任追及することができない別除権を有する債権者の場合には、債権額を別除権の価値と読み替える。

第77条【投票権の確定】
（1）届出が済み、かつ、倒産管財人及び投票権を有する債権者のいずれもが争わない債権には、投票権を与えるものとする。劣後的債権者は、投票権を有しない。

（2）争われている債権を有する債権者は、債権者集会において管財人及び出席している投票権を有する債権者がその投票権について合意したときに限り、投票権を有する。合意に達しないときは、倒産裁判所が決定する。倒産裁判所は、管財人又は債権者集会に出席している債権者の申立てに基づいて、この決定を変更することができる。

（3）第2項は、以下の者に準用する。
1．停止条件付債権の債権者
2．別除権を有する債権者

第78条【債権者集会決議の取消し】
（1）債権者集会の決議が倒産債権者の共同の利益と相反するときは、別除権を有する債権者、劣後的ではない倒産債権者又は倒産管財人が債権者集会においてこの決議の取消しを申立てるとき、倒産裁判所は、この決議を取り消さなければならない。

（2）決議の取消しは、公告するものとする。すべての別除権を有する債権者及びすべての劣後的ではない倒産債権者は、この取消しに対して即時抗告をすることができる。申立人は、取消しの申立ての却下に対して即時抗告をすることができる。

第79条【債権者集会の報告】
債権者集会は、倒産管財人に対して、状況ならびに業務遂行についての個々の情報及び報告を求めることができる。債権者集会が設けられていないときは、債権者集会は、管財人の金銭の収支及び金銭残高を検査することができる。

第3編　倒産手続開始の効力

第1章　一般的効力

第80条【管理権及び処分権の移転】
　（1）倒産手続の開始により、倒産財団に属する財産を管理し、かつこれを処分する債務者の権利は、倒産管財人に移転する。
　（2）債務者に対してなされている、特定の者の保護のみを目的とする譲渡禁止（民法第135条、第136条）は、本手続において効力を有しない。強制執行の方法による、動産及び債権の差押え又は不動産の差押えの効力に関する規定は、その適用を妨げられない。

第81条【債務者の処分】
　（1）債務者が倒産手続開始後に倒産財団の目的物を処分したときは、この処分は、無効とする。民法第892条、第893条、登記された船舶及び建造中の船舶に対する権利に関する法律第16条、第17条及び航空機に対する権利に関する法律第16条、第17条の規定は、その適用を妨げられない。反対給付は、財団がその給付により利益を得ている限りにおいて、倒産財団から相手方に対して返還しなければならない。
　（2）債務者の雇用関係から生じる給与又はこれに代わる継続的な給与を求める将来の債権の処分については、この給付が倒産手続の終了後の時期に関するものであるときにおいても、第1項を適用する。倒産債権者の共同的満足の目的をもって給与を受託者に対して譲渡する債務者の権利は、これにより妨げられない。
　（3）債務者が手続開始の当日に処分をしたときは、この債務者は開始後に処分したものと推定する。

第82条【債務者に対する給付】
　債務を倒産財団に対して履行すべきであったにもかかわらず、債務の履行のために債務者に対して給付をしたときは、給付者は、給付時に手続開始を知らなかったときに、債務を免れるものとする。債務者が開始の公告前に給付をな

したときは、債務者は、開始を知らなかったものと推定する。

第83条【相続／継続的夫婦財産共同制】

（1）倒産手続開始前に債務者に対して相続又は遺贈が生じたときは、又は手続係続中にこれらが生じたときは、承認又は放棄は、債務者のみがこれをおこなうことができる。継続的夫婦財産共同制の拒絶に関しても、また同じとする。

（2）債務者が先位相続人である場合に、後位相続が発生するときに民法2115条に従って処分が後位相続人に対して無効であるときは、倒産管財人は、相続目的物を処分してはならない。

第84条【会社又は共有関係の分割】

（1）債務者と第三者との間に共有、その他の共有関係、又は法人格のない会社が成立しているときは、財産分割及びその他の分割は、倒産手続外においてこれをおこなう。その法律関係から生じる請求権については、この場合に調査された債務者の持分に基づいて、別除的満足を求めることができる。

（2）共有の場合に共有関係の解消を求める権利を永久にもしくは一時的に排除し又は解約告知期間を定める合意は、本手続において効力を有しない。被相続人がその相続人の共有関係のためにおこなったこれと同一内容の指定及びこれに準ずる共同相続人の合意に関しても、また同じとする。

第85条【能動訴訟の受継】

（1）倒産手続開始の時点において債務者が原告として係続している倒産財団に属する財産に関する訴訟は、その訴訟の状態を維持したままで倒産管財人が受継することができる。受継を遅延したときは、民事訴訟法第239条第2項から第4項を準用する。

（2）管財人が訴訟の受継を拒否したときは、債務者ならびに相手方は訴訟を受継することができる。

第86条【特定の受働訴訟の受継】

（1）倒産手続開始時に債務者を被告として係続している訴訟は、それが以下のいずれかに関するとき、倒産管財人ならびに相手方は受継することができ

る。
1．倒産財団からの目的物の取戻し
2．別除的満足
3．財団債務

　（2）管財人が請求を直ちに認諾するときは、相手方は、訴訟費用の償還を求める請求権を倒産債権者としてのみ主張することができる。

第87条【倒産債権者の債権】
　倒産債権者は、その債権を倒産手続に関する規定に従ってのみ主張することができる。

第88条【手続開始前の執行】
　倒産債権者が倒産手続の開始を求める申立前1ヶ月内又はその申立後に強制執行により倒産財団に属する債務者の財産に対して担保を取得したときは、この担保は、手続の開始と共に無効となる。

第89条【執行禁止】
　（1）個々の倒産債権者のための強制執行は、倒産手続の係続中においては、倒産財団及び債務者のその他の財産に対しても、これを許さない。
　（2）雇用関係からの給与又はこれに代わる継続的な給与を求める将来の債権に対する強制執行は、倒産手続の係続中において、倒産債権者ではない債権者のためにも、これを許さない。扶養請求権に基づく強制執行又は他の債権者にとって差押さえることができない給与部分に対する故意の不法行為から生じる債権に基づく強制執行には、この規定を適用しない。
　（3）倒産裁判所は、第1項又は第2項に基づいて強制執行の許容性に対して提起された抗弁について裁判する。裁判所は、裁判の前に仮処分命令を発することができ、特に、強制執行を担保を供して又は担保を供することなしに仮に停止し又は担保を供する場合にのみ続行すべき旨を命じることができる。

第90条【財団債務における執行禁止】
　（1）倒産管財人の法律的行為によらないで生じた財団債務に基づく強制執行は、倒産手続開始より六ヶ月間は、これを許さない。

（2）以下の債務は、このような財団債務とは看做さない。
1．管財人が履行を選択した双務契約から生じる債務
2．管財人が解約告知することができた最初の期日後の期間についての継続的債務関係から生じる債務
3．管財人が倒産財団のために反対給付を請求する限りにおける継続的債務関係から生じる債務

第91条【その他の権利取得の排除】

（1）倒産財団の目的物に対する権利は、債務者の処分及び倒産債権者のための強制執行に基づかないときにも、これを倒産手続開始後に有効に取得することはできない。

（2）民法第878条、第892条、第893条、登記された船舶及び建造中の船舶に対する権利に関する法律第3条3項、第16条、第17条、航空機に対する権利に関する法律第5条3項、第16条、第17条、及び、海法上の配当法第20条3項の規定は、その適用を妨げない。

第92条【共同損害】

倒産債権者が倒産財団に属する財産の減少により倒産手続の前又は後に共同に被った損害（共同損害）の賠償を求めるこの債権者の請求権は、倒産手続の係属中において、倒産管財人のみがこれを主張することができる。請求権が管財人に向けられているときは、新たに任命された倒産管財人のみがこれを主張することができる。

第93条【社員の無限責任】

倒産手続が法人格のない会社又は株式合資会社について開始しているときは、倒産手続の係属中において、倒産管財人のみが会社の債務に対する社員の無限責任を主張することができる。

第94条【相殺適状の維持】

倒産債権者が倒産手続の開始時において法律により又は合意に基づいて相殺する権利を有するときは、この権利は、本手続によって影響を受けない。

第95条【手続における相殺適状の成立】

（1）倒産手続の開始時において、相殺されるべき両債権、又はその一方の債権が、停止条件付あるいは弁済期未到来であるか、又は両債権がなお同種の給付に向けられていない場合には、相殺は、その要件を具備したときにはじめてこれをおこなうことができる。第41条、第45条の規定は、これを適用することができない。相殺適状になるより前に受働債権が無条件かつ弁済期到来となるときには、相殺は、排除される。

（2）異なった貨幣又は計算単位を相殺される債権の支払地において自由に交互清算することができるときは、相殺は、債権が異なった貨幣又は計算単位を内容とすることにより排除されない。この換算は、相殺の意思表示の到達時にこの支払地について基準となる相場価格に従ってこれをおこなう。

第96条【相殺の禁止】

以下の場合には、相殺は許されない。
1．倒産債権者が倒産手続開始後にはじめて倒産財団に対して何らかの債務を負担した場合
2．倒産債権者がその債権を手続開始後にはじめて他の債権者から取得した場合
3．倒産債権者が否認しうる法律的行為によって相殺権限を取得した場合
4．債務者の自由財産によって履行すべき債権を有する債権者が倒産財団に対して何らかの債務を履行している場合

第97条【債務者の情報提供義務及び協力義務】

（1）債務者は、倒産裁判所、倒産管財人、債権者委員会及び裁判所の命令があるときには債権者集会に対して、手続に関係するすべての事情につき情報を提供する義務がある。債務者は、犯罪行為又は秩序違反による訴追をおこなうのに役立つ事実をも明らかにしなければならない。但し、債務者が第1文によるその義務に従って提供する情報は、刑事手続又は秩序違反に関する法律による手続において、債務者又は刑事訴訟法第52条1項所定の債務者の親族に対しては債務者の同意があるときに限り用いることができる。

（2）債務者は、管財人が職務を遂行するに際して、この管財人に協力しなければならない。

(3) 債務者は、情報提供義務及び協力義務を履行するために、裁判所の命令に基づいていつでも要請に応える準備をする義務がある。債務者は、この義務の履行に反するすべての行為をしてはならない。

第98条【債務者の義務の貫徹】

(1) 真実に合致する陳述を引き出すために必要であると思われるときは、倒産裁判所は、債務者が裁判所の求める情報を誠意をもって正確かつ完全に提供した旨を宣誓に代えて調書の上で約束することを命じる。民事訴訟法第478条から480条、第483条の規定は、これを準用する。

(2) 以下の場合には、裁判所は、債務者を強制的に引致し、又は審尋後に拘引することができる。

1．債務者が情報提供あるいは宣誓に代わる約束又は倒産管財人の職務遂行の際の協力を拒否する場合

2．債務者が情報提供義務及び協力義務を逃れようとする場合、特に逃亡の準備をする場合

3．情報提供義務及び協力義務の履行に反する債務者の行為を回避するために、特に倒産財団の保全のために、これが必要である場合

(3) 拘引の命令については、民事訴訟法第904条から第910条、第913条の規定を準用する。拘引の命令のための要件がもはや存しないときは、拘引命令を直ちに職権により取消すものとする。拘引の命令及び拘引命令の取消を求める申立ての命令要件の欠缺を理由とする却下に対しては、即時抗告が認められる。

第99条【郵便の制限】

(1) 債務者にとって不利な債務者の法律的行為を明らかにし又は回避するために必要と思われる限りにおいて、倒産裁判所は、倒産管財人の申立てに基づき又は職権により、理由を付した決定によって債務者に対する特定又は全部の郵便物を管財人に送付すべき旨を命じる。この命令は、個々の事案の特別な事情により命令の目的を侵すことにならない限りは、債務者の審尋の後にこれをおこなう。事前に債務者の尋問がおこなわれないときは、決定において特別にその理由を付し、かつ、後に遅滞なく審尋をおこなわなければならない。

(2) 管財人は、管財人に送付された郵便物を開封することができる。内容

が倒産財団に関係しない郵便物は、債務者に対して遅滞なく送付しなければならない。その他の郵便物は、債務者がこれを閲覧することができる。

（3）郵便制限の命令に対しては、債務者は、即時抗告をすることができる。裁判所は、命令の要件が欠缺する限りにおいて、管財人を審尋した後にその命令を取消さなければならない。

第100条【倒産財団からの扶養料】

（1）債権者集会は、債務者及びその家族に対して倒産財団から扶養料を与えるべきか否か及びそれをいかなる範囲で与えるべきかを決議する。

（2）倒産管財人は、その債権者集会の決議に至るまで、債権者委員会が置かれているときはその同意を得て、債務者に対して必要な扶養料を与えることができる。民法第1615条1、第1615条nによる請求権に関しては、債務者の未成年者の未婚の子、債務者の配偶者、債務者の従前の配偶者及び債務者の非嫡出子の母に対して、同じ方法により扶養料を与えることができる。

第101条【組織団体上の代表者／被用者】

（1）債務者が自然人ではないときは、第97条から第99条は、債務者の代表機関又は監督機関の構成員、及び債権者の代表権を有する無限責任社員に準用する。第97条1項及び第98条は、第1文に所定の地位を倒産手続開始を求める申立前二年より前には退いていなかった者にもこれを準用する。第100条は、債務者の代表権を有する無限責任社員にこれを準用する。

（2）第97条1項1文は、債務者の被用者及び開始申立前二年より前には退いていなかった従前の被用者にこれを準用する。

第102条【基本権の制限】

第99条、第101条1項1文は、信書の秘密、郵便の秘密及び電気通信の秘密の基本権（基本法10条）を制限するものとする。

第2章　法律行為の履行／経営協議会の協力

第103条【倒産管財人の選択権】

（1）債務者及び相手方が共に倒産手続開始時に双務契約を履行していない

か又は完全には履行していないときは、倒産管財人は、債務者に代わりその契約を履行し又は相手方に履行を請求することができる。

（2）管財人が履行を拒否するときは、相手方は、不履行に基づく債権を倒産債権者としてのみ主張することができる。相手方が管財人にその選択権の行使を催告したときは、管財人は、履行を請求するか否かを遅滞なく意思表示しなければならない。管財人がこの意思表示を怠るときは、管財人は、履行を主張することができない。

第104条【定期取引／金融先物取引】

（1）市場価格又は相場価格を有する商品の給付が厳密に特定の日時又は特定の期間について合意されており、かつ、その日時又はその期間の経過が倒産手続開始後に初めて到来するときは、その履行を求めることができず、不履行に基づく債権のみを主張できるものとする。

（2）市場価格又は相場価格を有する金融給付について特定の日時又は特定の期間が合意されており、かつ、その日時又はその期間の経過が手続開始後にはじめて到来するときは、その履行を求めることができず、不履行に基づく債権のみを主張できるものとする。特に以下のものは、金融給付とする。
1．貴金属の給付
2．有価証券又はこれと同等の権利の給付で、企業に対する資本参加の獲得がその企業に対する継続的な結合の確立のためにおこなわれたものではないとき
3．外国通貨又は計算単位でおこなわれるべき金銭給付
4．直接的に又は間接的に、外国通貨あるいは計算単位の相場、債権の利率、又は、その他の品物あるいは給付の価格によって額が確定される金銭給付
5．オプション、及び、第1号から第4号の意味における給付あるいは金銭給付を求めるその他の権利
6．信用法第1条第17項の意味における金融担保

契約違反の場合に一体的にのみ終了しうることが合意されている基本契約において、金融給付に関する取引が合わせて求められているときは、その取引の全体は、第103条、104条の意味における双務契約と見做される。

（3）不履行に基づく債権は、合意された価格と、履行地における手続開始後の5日目の平日において、履行期が合意されている契約にとって基準となる市場価格もしくは相場価格との差額を基準とする。当事者が合意をしていない

場合には、手続開始後の2日目の平日が基準となる。相手方は、その不履行に基づく債権を倒産債権者としてのみ主張することができる。

第105条【可分給付】

　債務として負担する給付が可分であり、かつ、相手方が倒産手続開始時においてその負担する債務を一部履行している場合には、倒産管財人が給付が未履行であることに基づいて履行を求めるときであっても、相手方は、反対給付を求めるその請求権の一部給付に対応する額について倒産債権者とする。相手方は、その反対給付を求める請求権の不履行に基づいて、手続開始前に債務者の財産となった一部給付を倒産財団から返還請求する権利を有しない。

第106条【仮登記】

　（1）債務者の土地又は債務者のために登記された権利に対する権利の取得又は消滅を求める請求権を保全するために、又は、そのような権利の内容又は順位の変更を求める請求権を保全するために、仮登記が土地登記簿に記載されているときは、債務者は、その請求権について倒産財団からの満足を求めることができる。債務者が債権者に対して新たに義務を負担しており、かつ、この義務を履行していないか又は完全には履行していないときも、また同様とする。

　（2）第1項の規定は、船舶登記簿、建造中の船舶登記簿又は航空機に対する質権のための登記簿に記載されている仮登記にこれを準用する。

第107条【所有権留保】

　（1）債務者が倒産手続開始前に所有権留保の条件で動産を売却し、かつ、買主に対してその物に対する占有を移転したときは、買主は、売買契約の履行を求めることができる。債務者が買主に対して新たな義務を負担し、かつ、この義務を履行していないか又は完全には履行していないときも、また同様とする。

　（2）債務者が倒産手続開始前に所有権留保の条件で動産を買い受け、かつ、その物に対する占有を売主から取得していたときは、売主に選択権の行使を催告されている倒産管財人は、報告期日後にはじめて遅滞なく第103条2項2文による意思表示をしなければならない。報告期日までの間にその物の価値の著

しい減少を予見することができ、かつ、債権者が管財人に対してこの状況を指摘していたときは、この限りではない。

第108条【継続的債務関係の継続】
（1）不動産又は部屋についての債務者の使用賃貸借関係ならびに用益賃貸借関係、及び、債務者の雇用関係は、倒産財団に対して効力を有するものとしてなお存続する。このことは、債務者が使用賃借人又は用益賃貸人として関与し、かつ取得又は製造について費用を支出した第三者に対して担保目的で譲渡された目的物に関する使用賃借及び用益賃借にも適用される。

（2）相手方は、倒産手続開始前の時期についての請求権を倒産債権者としてのみ主張することができる。

第109条【使用貸借人又は用益貸借人である債務者】
（1）倒産管財人は、債務者が使用貸借人又は用益貸借人として成立させた不動産又は部屋についての使用賃貸借関係及び用益賃貸借関係を、合意された契約期間を考慮することなく法定期間の遵守することにより解約告知することができる。使用貸借の目的物が債務者の住居である場合には、解約告知の代わりに、第1文に定められた期間の経過により期限の到来している請求権が倒産手続の中で主張することができないことを意思表示する倒産管財人の権利が認められる。管財人が第1文に従って解約告知したとき又は、第2文による意思表示を行なったときは、相手方は、契約関係の期間前の終了を根拠にして又は意思表示の結果を根拠にして倒産債権者として損害賠償を求めることができる。

（2）不動産又は部屋が手続開始時において債務者に対して引き渡されていなかったときは、倒産管財人及び相手方は、共に契約を解除することができる。管財人が解除するときは、相手方は、契約関係の期間前の終了を根拠にして倒産債権者として損害賠償を求めることができる。各当事者は、相手方の求めに応じて二週間以内に、契約を解除するか解除するか否かを相手方に意思表示しなければならず、これを懈怠するときは、その解除権を失うものとする。

第110条【使用賃貸人又は用益賃貸人である債務者】
（1）債務者が不動産又は部屋の使用賃貸人又は用益賃貸人として倒産手続

開始前にその後の時期についての使用賃貸料債権又は用益賃貸料債権を処分していたときは、この処分は、それが手続開始時に経過している暦月についての使用賃貸料又は用益賃貸料に関する限りにおいてのみ有効とする。手続が月の15日より後に開始するときは、この処分は、そのつぎの暦月についてもまた有効とする。

（2）第1項の意味における処分とは、特に使用賃貸料又は用益賃貸料の取立てをいう。強制執行の方法により生じる処分は、法律行為による処分と同じものとする。

（3）使用賃借人又は用益賃借人は、債務者に対して賃借人が有している債権をもって、第1項に所定の期間についての使用賃貸料債権又は用益賃貸料債権を相殺することができる。第95条及び第96条2号から4号の規定は、その適用を妨げられない。

第111条【使用賃貸目的物又は用益賃貸目的物の譲渡】

倒産管財人が、債務者が使用賃貸又は用益賃貸している不動産又は部屋を譲渡しかつ取得者が債務者に代わり使用賃貸借関係又は用益賃貸借関係を引き継ぐときは、その取得者は、使用賃貸借関係又は用益賃貸借関係を法定期間を遵守することにより解約告知することができる。解約告知は、その解約告知が許される最初の期日についてのみこれをおこなうことができる。強制競売及び強制管理に関する法律第57条cは、これを準用する。

第112条【解約告知の禁止】

相手方は、つぎの理由に基づいて、債務者が使用貸借人又は用益貸借人として成立させた使用賃貸借関係又は用益賃貸借関係を倒産手続開始後に解約告知することができない。
1．開始申立前の時期に生じた使用賃貸料又は用益賃貸料の支払いの遅滞
2．債務者の財産関係の悪化

第113条【雇用関係の解約告知】

（1）倒産管財人及び相手方は、合意された契約期間又は法定解約告知についての権利の合意による排除を考慮することなしに、債務者が使用者である雇用関係を解約告知することができる。告知期間は、三ヵ月より短い期間が定め

られていないときは、三ヵ月をもって終了月とする。管財人が解約告知するときは、相手方は、雇用関係の期間前の終了を根拠にして倒産債権者として損害賠償を求めることができる。

第114条【雇用関係から生じる給与】

（1）債務者が倒産手続開始前に雇用関係から生じる給与又はこれに代わる継続的な給与を求める将来の債権を譲渡し又は質入れしたときは、その処分は、手続開始時に経過する暦月の終了後三年経過前の期間についての給与に関する限りにおいて有効とする。

（2）第1項所定の期間についての給与を求める債権に対して、その義務者は、この物に債務者に対して生じている債権によって、相殺することができる。第95条及び第96条2号から4号の規定は、その適用を妨げられない。

（3）手続開始前に強制執行の方法により将来の給与が処分されたときは、その処分は、手続開始時に経過する暦月についての給与に関する限りにおいて有効とする。手続が月の15日より後に開始するときは、この処分は、そのつぎの暦月についてもまた有効とする。第88条の規定は、その適用を妨げられない。第89条2項2文は、これを準用する。

第115条【委任の消滅】

（1）債務者がなした倒産財団に属する財産に関する委任は、倒産手続に開始により消滅する。

（2）受任者は、猶予がなされないときは、倒産管財人が他の方法により処理ができるようになるまで、委任された事務の処理を継続しなければならない。委任は、その限りにおいて継続するものと看做される。受任者は、この継続から生じる償還請求権について、倒産債権者とする。

（3）委任は、受任者が故意過失なくて手続開始を知らない限り、受任者の利益のために継続するものと看做される。受任者は、この継続から生じる償還請求権について、倒産債権者とする。

第116条【事務処理契約の消滅】

ある者が債務者との雇用契約又は請負契約によって債務者のために事務を処理する義務を負っているときは、第115条の規定を準用する。この場合には、

事務処理の継続に基づく償還請求権についての規定は、報酬請求権にもこれを適用する。第1文は、振込送金契約並びに支払及び転送契約には適用されない。これらの契約は財団のために有効に存続する。

第117条【代理権の消滅】
（1）債務者が授与した倒産財団に属する財産に関する代理権は、倒産手続の開始により消滅する。
（2）委任又は事務処理契約が第115条2項に従って継続するときは、代理権もまた継続するものと看做される。
（3）代理人は、故意過失なくして手続開始を知らない限り、民法第179条に従って責任を負わないものとする。

第118条【会社の解散】
法人格のない会社又は株式会社が社員の財産についての倒産手続の開始により解散するときは、業務執行社員は、その者に緊急を要する事務の暫定的継続から生じた請求権について、財団債権者とする。業務執行社員は、その故意過失なくして倒産手続の開始を知らなかった期間の事務の継続から生じた請求権について、倒産債権者とする。第84条1項は、その適用を妨げられない。

第119条【異なる合意の無効】
第103条から第118条の適用を事前に排除し又は制限する合意は、これを無効とする。

第120条【事業所協定】
（1）事業所協定において倒産財団の負担となる給付が定められているときは、倒産管財人及び経営協議会は、給付の合意による削減について協議しなければならない。事業所協定は、三ヵ月より長い期間が合意されているときにおいても、三ヵ月の期間をもって解約告知することができる。
（2）重大な事由に基づき解約告知期間を遵守することなくして事業所協定を解約告知する権利は、影響を受けない。

第121条【事業所の変更及び斡旋手続】

　経営組織法第112条2項1文の規定は、企業の財産に関する倒産手続において、倒産管財人及び経営協議会が共同して斡旋を依頼するときには州労働長の長官の斡旋の試みが調停所における手続に優先するとの定めにより、これを適用する。

第122条【事業所の変更の実施に対する裁判所の同意】

（1）事業所の変更が計画されており、かつ、倒産管財人が経営協議会に対して適時にかつ広範に情報を提供したにもかかわらず倒産管財人と経営協議会との間に経営組織法第112条による利益調整が交渉開始又は交渉開始についての書面による請求の後三週間以内に成立しないときは、倒産管財人は、経営組織法第112条2項による手続を先行させることなく事業所の変更を実施することに対して、労働裁判所の同意を求めることができる。経営組織法第113条3項の規定は、その限りにおいて、これを適用しない。第125条に従って利益調整を実現する管財人の権利は、影響を受けない。

（2）企業の経済状態が労働者の社会的な利益を考慮しても経営組織法第112条2項による手続を先行させることなく事業所の変更を実施することを必要とするときには、裁判所は、同意を与えるものとする。決定手続に関する労働裁判所法の規定は、これを準用する。関係人とは、倒産管財人及び経営協議会とする。申立ては、労働裁判所第61条a3項から6項の基準に従って優先して処理しなければならない。

（3）裁判所の決定に関する州労働裁判所に対する抗告は、これを認めない。連邦労働裁判所に対する法律違反を理由とする抗告は、その抗告が労働裁判所の決定において許可されるときには、これを認められる。労働裁判所法第72条2項及び3項の規定は、これを準用する。法律違反を理由とする抗告は、労働裁判所の全文を記載する裁判の送達後1ヶ月以内に連邦労働裁判所に申し立て、かつ、理由を付さなければならない。

第123条【社会計画の範囲】

（1）倒産手続開始後に作成される社会計画においては、計画された事業所の変更の結果として労働者に生じる経済的不利益の調整又は緩和のために、解雇された労働者の二ヶ月半分の給料額までの総額（解約保護法第10条3項）を

定めることができる。
　（2）この社会計画から生じる債務は、財団債務とする。但し、倒産処理計画が成立しないときは、社会計画債権の支払いのために、社会計画がなかったとすれば倒産債権者に対する配当に充てられたであろう財団の三分の一を超えて用いてはならない。社会計画債権の総額がこの制限を超えるときは、個々の債権は、配当持分に応じて減額しなければならない。
　（3）倒産管財人は、十分な現金が財団に生じるごとに、倒産裁判所の同意を得て社会計画債権の中間支払いをおこなわなければならない。社会計画債権に基づく財団に対する強制執行は、これを許さない。

第124条【手続開始前の社会計画】
　（1）倒産手続開始前ではあっても開始申立前三ヶ月前に作成された社会計画は、倒産管財人も経営協議会もこれを撤回することができる。
　（2）社会計画が撤回されたときは、社会計画に基づく債権を有していた労働者は、倒産手続における社会計画の作成に際して、斟酌される。
　（3）労働者が手続開始前に撤回された社会計画から生じた同人の債権に基づいて取得していた給付は、その撤回を根拠として返還請求することができない。新たな社会計画を作成する場合には、解雇された労働者に対するこの種の給付は、第123条1項による社会計画債権の総額の算定に際しては、二ヶ月半分の給料額までこれを控除しなければならない。

第125条【利益調整及び解約告知保護】
　（1）事業所の変更（経営組織法第111条）が計画されており、かつ倒産管財人と経営協議会との間に解約告知されるべき労働者の氏名が掲げられている利益調整が成立するときは、解約保護法第1条の規定は、つぎの基準をもって適用しなければならない。
1．氏名を掲げられた労働者の雇用関係の解約告知が同企業における就業継続又は変更のない労働条件での就業継続と矛盾する強制的な事業所上の条件によって制限されていることは、これを推定する。
2．労働者の社会的な選択は、事業所所属機関、年齢ならびに扶養義務、及び、さらにその限りで重大な欠陥性を考慮してのみ再審査することができるものとする。労働者は、円満な人格を維持又は構築しているときは、重大な欠陥

があるものと評価することはできない。
　第1文の規定は、その事情が利益調整の成立後に著しく変更した限りにおいて、これを適用しない。
　（2）第1項に従った利益調整は、解約保護法第17条3項2文に従った経営協議会の態度決定に置き換えるものとする。

第126条【解約保護のための決定手続】
　（1）事業所が経営協議会を有しないか、又は、倒産管財人が経営協議会に対して適時にかつ広範に情報を提供したにもかかわらず交渉又は交渉開始についての書面による請求の後三週間以内に他の理由により第125条1項に従って利益調整が成立しないときは、倒産管財人は、申立てに示された特定の労働者の雇用関係の解約告知が強制的な事業所上の条件によって制限されていること、又はその解約告知には社会的にみて正当な根拠があることの確認を、労働裁判所に求めることがきる。その労働者の社会的選択は、事業所所属機関、年齢及び扶養義務を考慮してのみ再審査することができる。
　（2）決定に関する労働裁判所法の規定は、これを準用する。関係人は、労働関係の終了又は労働条件の変更に対して同意をしていない限りにおいて、倒産管財人、経営協議会及び氏名が掲げられた労働者とする。第122条2項3文、3項の規定は、これを準用する。
　（3）第一審手続において関係人に生じる費用については、労働裁判所法第12条a1項1文及び2文を準用する。連邦労働裁判所における手続においては、訴訟費用の償還に関する民事訴訟法の規定を準用する。

第127条【労働者の訴え】
　（1）倒産管財人が第126条1項による申立てに氏名が掲げられている労働者を解約告知し、かつ労働者が労働関係が解約告知によって消滅しないこと又は労働条件の変更が社会的に不当であることの確認を求める訴えを提起するときは、第126条に従った手続における確定力がある裁判は、当事者を拘束する。この規定は、その状況が最終口頭弁論の終結後に著しく変更した限りにおいて、これを適用しない。
　（2）労働者が第126条に従った手続における裁判の確定前に訴えを提起していたときは、管財人の申立てに基づく訴えについての弁論は、その裁判の確定

時まで停止しなければならない。

第128条【事業所の譲渡】
（１）第125条から第127条の規定の適用は、利益調整又は確認申立ての基礎となる事業所の変更が事業所の譲渡後にはじめて実施されることになることにより排除されない。第126条に従った手続に対しては、事業所の譲受人がこれに参加する。
（２）事業所の譲渡の場合には、第125条１項１文による推定又は第126条による裁判上の確認は、雇用関係の解約告知が事業所の譲渡を理由としておこなわれたものではなことにも及ぶ。

〈註〉法人格のない"Gesellschaft"は、法律上において組合の性格を有するとされるために、法人格なき組合と訳すことも考えられるが、ここでは、合名会社、合資会社等を念頭において、「法人格のない会社」と訳すこととする。山田晟「ドイツ法律用語辞典」（改訂増補版）276頁参照

第三章　倒産否認

第129条【原則】
（１）倒産手続開始前におこなわれ、倒産債権者に不利益を与える法律的行為は、第130条乃至第146条の規定により、倒産管財人はこれを否認することができる。
（２）不作為は、法律的行為と同様とする。

第130条【本旨弁済】
（１）倒産債権者に担保を供したか若しくは満足を与えたか、又はこれらを可能にした法律的行為にして、つぎに掲げるものは、これを否認することができる。
１．法律的行為が、倒産手続開始申立前の三ヶ月内におこなわれ、債務者が行為時に支払不能であり、債権者が当時その支払不能を認識していたとき
２．法律的行為が開始申立後におこなわれ、債権者が行為時に支払不能又は開始申立てを認識していたとき

このことは、担保契約において確定された担保付き債権の価値と供与された担保（マージン担保）との間の関係を回復するために、信用法第１条第17項の意味における追加的金融担保を予約する義務を含む担保契約に法律的行為が影響を及ぼす限りにおいては、適用されない。
　（２）支払不能又は開始申立ての認識は、支払不能又は開始申立てを確実に推認させる事情の認識と同様とする。
　（３）行為時に債務者と緊密な関係にあった者（第138条）に対しては、その者が支払不能又は開始申立てを認識していたものと推定する。

第131条【非本旨弁済】

　（１）倒産債権者に担保を供したか若しくは満足を与えたか、又はこれらを可能にした法律的行為であり、その者が請求することができなかったか又はその者がその方法によって又はその時期において請求することができなかった法律的行為にして、つぎに掲げるものは、これを否認することができる。
１．その行為が倒産手続開始申立前一ヶ月内又はその申立後におこなわれたとき
２．その行為が開始申立前の二ヶ月目から三ヶ月目にかけておこなわれ、債務者が行為時に支払不能であったとき
３．その行為が開始申立前の二ヶ月目から三ヶ月目にかけておこなわれ、債権者が行為時にその行為が倒産債権者に不利益を与えることを認識していたとき
　（２）第１項第３号の適用について、倒産債権者に不利益を与えることの認識は、不利益を与えることを確実に推認させる事情の認識と同様とする。行為時に債務者と緊密な関係にあった者（第138条）に対しては、この者が倒産債権者に不利益を与えることを認識していたものと推定する。

第132条【直接に不利益を与える法律的行為】

　（１）倒産債権者に直接に不利益を与える債務者の法律行為にして、つぎに掲げるものは、これを否認することができる。
１．法律行為が倒産手続開始申立前の三ヶ月内におこなわれ、債務者が法律行為時に支払不能であり、相手方がその行為時に支払不能を認識していたとき
２．法律行為が開始申立後におこなわれ、相手方が支払不能又は手続開始申立てを認識していたとき

（2）債務者の権利を喪失させるか若しくは権利行使を不可能にするその他の債務者の法律的行為、又は、債務者に対する財産法上の請求権を存続させるか又は主張を可能にするその他の債務者の法律的行為は、倒産債権者に直接に不利益を与える法律行為と同様とする。
（3）第130条第2項及び第3項の規定は、これを準用する。

第133条【故意による不利益惹起】

（1）債務者が、倒産手続開始申立前の一〇年内又は開始申立後に故意により債務者の債権者に不利益を与える法律的行為は、相手方が行為時に債務者の故意を認識していたとき、これを否認することができる。債務者が支払不能の虞れがあること及びその行為が債権者に不利益を与えることを相手方が認識していたときは、この認識は、推定される。
（2）債務者が緊密な関係にある者（第138条）との間で締結した債権者に直接に不利益を与える有償契約は、これを否認することができる。この契約が開始申立前二年より前に締結されていたとき、又は、相手方が契約締結時に債権者に不利益を与える債務者の故意を認識していなかったときは、これを否認することができない。

第134条【無償給付】

（1）債務者の無償給付は、否認することができる。ただし、給付が倒産手続開始申立前の四年より前におこなわれたときは、この限りではない。
（2）給付がわずかな価値の慣行上の儀礼的贈答を内容とするときは、これを否認することはできない。

第135条【出資に代わる貸付金】

社員の出資に代わる貸付金の返還を求める債権又はこれと同等の債権のためにする、つぎに掲げられた法律的行為は、これを否認することができる。
1．行為が倒産手続開始申立前の一〇年内又は開始申立後におこなわれたときは、担保を供すること
2．行為が開始申立前の一年内又は開始申立後におこなわれたときには、満足を与えること

第136条【匿名組合】

（1）匿名組合員に出資金を金額又は一部返還し、又は、生じた損失に対するこの組合員の負担部分を金額又は一部免除する法律的行為は、その基礎にある合意が商行為をなすことを目的とする組織体の所有者の財産に関する倒産手続の開始申立前の一年内又はその開始申立後になされていたとき、これを否認することができる。この合意に関連して匿名組合が解散したとき、また同様とする。

（2）開始原因が合意後に生じたとき、これを否認することはできない。

第137条【手形金及び小切手金の支払】

（1）債務者の手形金支払については、手形法によるとその受領者が支払いの引受けを拒絶すれば他の手形債務者に対する手形金請求権を喪失することになるときは、第130条により受領者にその返還を請求することができない。

（2）ただし、支払われた手形金については、最終の償還義務者又はこの者が第三者の計算において手形を振り出していたときはその第三者が手形を振り出し又は振り出させたときに債務者の支払不能又は手続開始を認識していたときは、最終の償還義務者又はその第三者がこれを返還しなければならない。第130条第２項及び第３項の規定は、これを準用する。

（3）第１項及び第２項の規定は、これを債務者の小切手金支払に準用する。

第138条【緊密な関係を有する者】

（1）債務者が自然人であるとき、つぎの者を緊密な関係を有するものとする。

１．債務者の配偶者。婚姻が法律的行為後に締結され又はその行為前一年内に解消したときも同様とする。

２．債務者又は第１号の定める配偶者の尊属及び卑属にあたる親族、及び、債務者又は第１号の定める配偶者の父母の双方又は一方を同じくする兄弟姉妹ならびにこれらの者の配偶者

３．債務者と家庭的共同生活をおこなっているか又は債務者と家庭的共同生活を行為前一年内におこなっていた者

（2）債務者が法人又は法人格のない会社であるとき、つぎの者を緊密な関係を有する者とする。

１．代表機関又は監査機関の構成員ならびに債務者の無限責任を負担する社員、及び、債務者の資本に対して四分の一を超えて参加をしている者
２．会社法又は雇用契約と同視しうる債務者に対する関係に基づいて債務者の経済的事情について情報を得る可能性を有する者又は社員
３．第１号又は第２号の定める者に対して第１項に定める人的な関係にある者。ただし、第１号又は第２号の定める者が法律によって債務者の業務に関して守秘義務を負っているとき、この限りではない。

第139条【開始申立前の期間の算定】

（１）第88条、第130条乃至第136条に定められた期間は、倒産手続開始申立てが倒産裁判所に到達した日に数字の上で対応する日の開始と共に進行する。対応する日がないときは、期間は、その翌日の開始と共に進行する。

（２）複数の開始申立てがなされた場合に、手続が後の申立てに基づいて開始されたときにおいても、最初の申立てが適法でかつ理由のあるときは、これを基準とする。確定力をもって却下された申立ては、申立てが財団不足により却下されていたときに限り、これを考慮する。

第140条【法律的行為の行為時】

（１）法律的行為は、その法律的効果が生じる時点におこなわれたものと看做す。

（２）法律行為の効力が生じるために土地登記簿、船舶登記簿、建造中の船舶登記簿又は航空機の質権登記簿への登記が必要であるとき、効力が生じるための他の要件が充足され、債務者の意思表示が債務者に対して拘束力を生じかつ相手方が権利変更の登記を求める申立てを提起したと同時に、法律行為は、おこなわれたものと看做す。権利変更を求める請求権の担保のための仮登記の記載を求める申立てが提起されたとき、第一文は、権利変更の登記を求める申立てをこの仮登記の記載を求める申立てと読み替えて適用する。

（３）条件付又は期限付の法律的行為の場合は、条件の成就又は期限の到来は、これを考慮しない。

第141条【執行名義】

否認は、法律的行為につき執行力のある債務名義が得られていること、又

は、法律的行為が強制執行によって実現されたことを理由として排除されない。

第142条【現金取引】
　同価値の反対給付が直接に債務者の財産に入ることになる債務者の給付は、第133条第1項の要件を充たすときに限り、これを否認することができる。

第143条【法律効果】
　（1）否認しうる行為により債務者の財産から譲渡、贈与又は放棄されたものは、これを倒産財団に返還しなければならない。受領者が法律上の原因の欠缺を認識している場合の不当利得の法律効果に関する規定は、これを準用する。
　（2）無償給付の受領者は、その者がその給付により利得を得た限りにおいて、その給付を返還しなければならない。無償給付が債権者に不利益を与えることを受領者が認識しているか又は事情によれば受領者が認識しているに違いないときは、この限りではない。

第144条【否認の相手方の請求権】
　（1）否認しうる給付の受領者が受領物を返還するときは、受領者の債権は、復活する。
　（2）反対給付は、それが倒産財団に尚も区別可能な状態で存在している範囲において、又は財団がその給付の価値により利得をしている範囲において、倒産財団から償還することができる。否認しうる給付の受領者は、その範囲を超える分につき反対給付の返還を求める債権を倒産債権者としてのみ行使することができる。

第145条【権利承継人に対する否認】
　（1）否認の相手方の相続人又はその他の包括承継人に対しては、否認を主張することができる。
　（2）その他の権利承継人に対しては、つぎのときに、否認を主張することができる。
1．権利承継人がその者の取得時にその者の前主の取得を否認しうることを基

礎づける事情を認識していたとき
　２．権利承継人がその者の取得時に債務者と緊密な関係にある者（第138条）に属していたとき。ただし、その権利承継人がこの取得時に前主の取得を否認しうることを基礎づける事情を認識していなかったときは、この限りではない。
　３．権利承継人がその取得物を無償で得たとき

第146条【否認請求権の消滅時効】
　（１）否認請求権は、倒産手続開始から二年で時効消滅する。
　（２）否認請求権が時効消滅したときにおいても、倒産管財人は、否認しうる行為に基づく給付義務の履行を拒絶することができる。

第147条【手続開始後の法律的行為】
　（１）倒産手続開始後におこなわれ、民法第892条、第893条、登記された船舶及び建造中の船舶に関する法律第16条、第17条、及び、航空機に対する権利に関する法律第16条、第17条により有効である法律的行為は、手続開始前におこなわれた法律的行為の否認に対して適用される規定により、これを否認することができる。
　（２）第146条第１項による消滅時効期間は、その行為の法的効果が生じる時点より進行する。

第４編　倒産財団の管理及び換価

第１章　倒産財団の保全

第148条【倒産財団の移転】
　（１）倒産管財人は、倒産手続開始後に倒産財団に属するすべての財産を直ちに占有及び管理しなければならない。
　（２）管財人は、開始決定の執行力ある正本に基づいて債務者が保管している物の返還を強制執行の方法によりおこなうことができる。民事訴訟法第766条は、執行裁判所を倒産裁判所と読み替えて、これを適用する。

第149条【有価値物】

(1) 債権者委員会は、金銭、有価証券及び高価品をいかなる場所に及びいかなる条件で供託又は投資すべきかを決定することができる。債権者委員会が設置されていないとき、又は、債権者委員会が何も決議をしていないとき、倒産裁判所は、相応の措置を命ずることができる。

(2) 債権者委員会が設置されているとき、倒産管財人は、債権者委員会の構成員が受領書に連署するときに限り、供託又は投資されていた場所の金銭、有価証券又は高価品を受領することができる。管財人のこの場所に対する送付は、債権者委員会の構成員がその受領書に連署するときに限り、これを有効とする。

(3) 債権者集会は、異別のやり方を決定することができる。

第150条【封印】

倒産管財人は、倒産財団に属する物の保全のために裁判所執行官又は法律上その保全の権限があるその他の者に封印させることができる。管財人は、封印又は開封に関する記録を書記課に関係人の閲覧のために備え置かなければならない。

第151条【財団目的物の目録】

(1) 倒産管財人は、倒産財団の個々の目的物の目録を作成しなければならない。遅滞しても不利益なしに作成できるときは、債務者に意見を聞かなければならない。

(2) 個々の目的物については、その物の価値を表示しなければならない。その価値が企業が継続するか又は企業が営業を停止するかに関わるとき、両方の価値を掲げなければならない。特に評価が困難なとき、これを鑑定人に委ねることができる。

(3) 倒産裁判所は、管財人の申立てに基づいて、目録の作成をおこなわないことを許可することができる。この申立てには、理由が付されなければならない。債権者委員会が設置されているとき、管財人は、債権者委員会の同意があるときに限り申立てを提起することができる。

第152条【債権者表】

（1）倒産管財人は、債務者の帳簿及び業務用書類、債務者のその他の記載物、債権者の債権の届出書、又は、その他の方法によりその管財人が知っていた債務者のすべての債権者の一覧表を作成しなければならない。

（2）債権者表には、別除権を有する債権者、及び、劣後的倒産債権者の個々の順位を別々に記載しなければならない。それぞれの債権者については、住所及びその者の債権の原因と額を記載しなければならない。別除権を有する債権者については、さらに別除権の存する目的物及び推定される不足額を掲げなければならず、第151条第2項第2文は、これを準用する。

（3）相殺の可能性の内容については、さらにこれを記載しなければならない。債務者の財産を遅滞なく換価した場合の財団債務の額は、これを評価しなければならない。

第153条【財産一覧表】

（1）倒産管財人は、倒産手続の開始時を基準として倒産財団の目的物及び債務者の債務を表示し、その相互を対照する整理された一覧表を作成しなければならない。第151条第2項は、目的物の評価にこれを準用し、第152条第2項第1文は、これを債務の分別に準用する。

（2）倒産裁判所は、財産一覧表の作成後に管財人又は債権者の申立てに基づいて債務者に財産一覧表が完全であることについて宣誓に代えた約束を命ずることができる。第98条及び第101条第1項第1文第2文は、これを準用する。

第154条【書記課における備え置き】

財団目的物の目録、債権者表及び財産一覧表は、関係人の閲覧に供するために遅くとも報告期日の一週間前に書記課にこれを備え置かなければならない。

第155条【商法上及び税法上の会計報告】

（1）簿記と会計報告に関する債務者の商法上及び税法上の義務は、影響を受けない。倒産財団に関しては、倒産管財人がその義務を履行しなければならない。

（2）倒産手続の開始と同時に、新たな業務年度が開始する。ただし、報告期日までの期間は、年度決算書の作成又は公表のための法律上の期間に算入さ

（3）倒産手続における会計監査人の任命については、商法第318条の規定は、任命が管財人の申立てに基づいて専属的に登記裁判所によりなされるものと読み替えて、これを適用する。業務年度について手続開始前にすでに会計監査人が任命されているときは、その任命の有効性は、手続開始により影響を受けない。

第2章　換価に関する決定

第156条【報告期日】

（1）倒産管財人は、報告期日において、債務者の経済状態及びその状況の原因について報告しなければならない。倒産管財人は、債務者の企業を全部又は一部のみ維持する見込みが立つかどうか、倒産処理計画にはどのような可能性があるか、及び、それによればどのような効果が債権者の満足に資することになるのかを報告しなければならない。

（2）債務者、債権者委員会、経営協議会及び管理職利益代表委員会に対しては、報告期日に管財人の報告に対して態度決定をする機会が与えられなければならない。債務者が商業従事者、営業従事者又は農業従事者であるとき、意見を述べる機会は、また工業、商業、手工業又は農業を担当とする官立の職業代表所にこれを与えることができる。

第157条【手続の続行についての決定】

債権者集会は、報告期日において債務者の企業を営業停止にすべきか又はその企業を暫定的に継続すべきかを決議する。債権者集会は、倒産管財人に倒産計画の作成を委託し、かつ、倒産管財人に対してあらかじめ計画の目的を設定することができる。債権者集会は、その決議をその後の期日において変更することができる。

第158条【決定前の措置】

（1）倒産管財人が報告期日の前に債務者の企業の営業を停止しようとする場合には、債権者委員会が設置されているとき、この債権者委員会の同意を得なければならない。

（2）管財人は、債権者委員会の決議の前に又はこの委員会が設置されていないときは企業の営業停止の前に、債務者に対してその停止を知らせなければならない。倒産裁判所は、倒産財団が著しく減少することなしにその停止を報告期日まで延期できるときは、債務者の申立てに基づいて管財人の審尋の後にその停止を取消すことができる。

第159条【倒産財団の換価】
倒産管財人は、債権者集会の決議に反しない限りにおいて、報告期日後に遅滞なく倒産財団に属する財産を換価しなければならない。

第160条【特に重要な法律的行為】
（1）倒産管財人は、倒産手続にとり特に重要な法律的行為をおこなおうとするときは、債権者委員会の同意を得なければならない。債権者委員会が設置されていないときは、債権者集会の同意を得なければならない。
（2）第1項による同意は、特につぎのときに必要とする。
1．企業あるいは事業組織体、全倉庫商品、自由取引での不動産、継続的結合が債務者の企業のためになる他の企業に対する債務者の持分、又は、回帰的収益に関する権利が譲渡されるとき
2．倒産財団にとり著しい負担となる借り入れをなすとき
3．高額の訴額の訴訟を係属させ又は受継するとき、このような訴訟の受継を拒絶するとき、又は、このような訴訟の解決又は回避のために和解又は仲裁契約を締結するとき

第161条【法律的行為の仮の差止め】
第160条の場合において、倒産管財人は、遅滞しても不利益がないとき、債権者委員会又は債権者集会の決議の前に債務者にその同意の必要性につき知らせなければならない。債権者集会がその同意を与えていない限りにおいて、倒産裁判所は、債務者又は第75条第1項第3号の定める債権者の多数の申立てに基づいて、管財人の審尋した後に法律的行為を仮に差止め、かつ、その実施について決議をする債権者集会を招集することができる。

第162条【特別な利害関係者に対する事業組織体の譲渡】

(1) 企業又は事業組織体の譲渡は、譲受人又はその譲受人の資本に対して五分の一以上の参加をしている者が次に掲げる者にあたるとき、債権者集会の同意を得てのみこれをおこなうことができる。
1. 債務者と緊密な関係にある者（第138条）に属する者
2. 保有している別除権及び債権が倒産裁判所の評価によればすべての別除権の価値及びすべての劣後的でない倒産債権総額の合計の五分の一に達する別除権を有する債権者又は劣後的でない倒産債権者である者

(2) ある者に従属している企業又は第三者がこの者又はそれに従属する企業の計算で譲受人に対して参加している限り、この者は、また第1項における意味において譲受人に対して参加しているものとする。

第163条【低い価値での事業組織体の譲渡】

(1) 倒産裁判所は、債務者又は第75条第1項第3号の定める債権者の多数の申立てに基づいて、倒産管財人の審尋の後に他の譲受人に対する譲渡が倒産財団にとりより有利であることを申立人が疎明するとき、企業又は事業組織体の予定される譲渡が債権者集会の同意を得てはじめて許される旨を命じる。

(2) 申立てにより申立人に費用が生じたときは、申立人は、裁判所の命令がなされたときに直ちに倒産財団からこの費用の償還を請求することができる。

第164条【行為の有効性】

倒産管財人の行為の有効性は、第160条乃至第163条の違反により影響を受けない。

第三章　別除権の目的物

第165条【不動産の換価】

倒産管財人は、目的物に別除権が存するときであっても、管轄権のある裁判所において倒産財団の不動産の強制競売又は強制管理をおこなうことができる。

第166条【動産の換価】

（1）倒産管財人は、別除権の存する動産を占有しているときは、その動産を自ら換価することができる。

（2）管財人は、債務者が請求権の担保のために譲渡した債権を取り立て、又は、その他の方法により換価することができる。

（3）第1項及び第2項は、以下のものには適用されない。

1．信用法第1条第16項によるシステムへの参加者の利益のために、システムに基づく請求権の担保のために存する目的物
2．ヨーロッパ連合の加盟国の中央銀行の利益のため又はヨーロッパ経済領域の契約国の利益のために又はヨーロッパ中央銀行の利益のために存する目的物
3．信用法第1条第17項の意味における金融担保

第167条【債権者への通知】

（1）倒産管財人は、第166条第1項により動産の換価をする権限を有するとき、別除権を有する債権者にこの債権者の請求に基づいてその物の状況についての情報を与えなければならない。倒産管財人は、その情報に代えて債権者にその物の検査をすることを許すことができる。

（2）倒産管財人は、第166条第2項により動産の換価をする権限を有するとき、別除権を有する債権者にこの債権者の請求に基づいて債権についての情報を与えなければならない。倒産管財人は、その情報に代えて債権者に債務者の帳簿及び業務用書類の閲覧を許すことができる。

第168条【譲渡計画の通知】

（1）倒産管財人は、第166条により換価をすることができる目的物を第三者に譲渡する前に、別除権を有する債権者にいかなる方法によりその目的物が譲渡されるかを通知しなければならない。倒産管財人は、債権者に対して、債権者にとりより有利な他の目的物換価の可能性を一週間以内に指摘する機会を与えることを要する。

（2）そのような指摘が一週間の法定期間内又は譲渡前の適切な時期になされるとき、倒産管財人は、債権者が挙げた換価可能性を利用するか、又は、管財人がその換価可能性を利用していたときと同様の地位をこの債権者に認めなければならない。

（3）他の換価可能性は、債権者が自ら目的物を譲り受けることにも認められる。換価可能性は、費用が節約される場合にも、より有利であるものとする。

第169条【換価の遅延に対する債権者の保護】

管財人が第166条により換価することができる目的物を換価しない場合には、負担している利息は、倒産財団から報告期日より継続して債権者に支払わなければならない。債権者がすでに倒産手続開始前に第21条による命令に基づいて目的物の換価を妨げられている場合には、負担している利息は、遅くともこの命令後三ヶ月を経過した時から支払わなければならない。第１文及び第２文は、債権の額、目的物の価値及び目的物のその他の負担によれば換価利益による債権者の満足を期待することができない限りにおいて、これを適用しない。

第170条【換価利益の配当】

（１）目的物の確定費用及び換価費用は、倒産管財人による動産又は債権の換価の後に倒産財団のために他に先立って、これを控除しなければならない。残金の金額からは、別除権を有する債権者が遅延なく満足を受けることができる。

（２）倒産管財人が第166条により換価することができる目的物を換価のために債権者に引渡すときは、債権者は、この者が取得した換価利益から、確定費用及び売上税（第171条第２項第３文）に応じた金額を他に先立って財団に支払わなければならない。

第171条【費用分担金の算定】

（１）確定費用は、現実に生じた目的物の確定費用及びこの目的物に対する権利の確定費用を含むものとする。この費用は、総額で換価利益の一〇〇分の四を基準とする。

（２）換価費用は、総額で換価利益の一〇〇分の五を基準とする。現実に生じかつ換価に必要な費用が著しく低額又は高額であるとき、この費用を基準とする。換価が財団に売上税の負担を強いるときは、売上税額は、第１項による総額又は第２項による現実に生じた費用に加えて計算される。

第172条【動産のその他の利用】

（1）倒産管財人は、利用により生ずる損失を倒産手続開始から債権者に対する継続的な支払によって塡補するとき、この管財人が換価することができる動産を倒産財団にために利用することができる。塡補義務は、利用により生じる損失が別除権を有する債権者の担保を害する範囲においてのみ、生じるものとする。

（2）倒産管財人は、別除権を有する債権者を害しない範囲において、その動産を附合、混和及び加工することができる。別除権を有する債権者の権利が他の物に対して存続するとき、債権者は、新たな担保をそれが従来の担保の価値を超える範囲で解放しなければならない。

第173条【債権者による換価】

（1）債権者の換価権限は、倒産管財人が別除権の生じている動産又は債権の換価権限を有しない限りにおいて、妨げられない。

（2）倒産裁判所は、倒産管財人の申立てに基づいて、債権者を審尋した後に債権者が換価をすべき期間を定めることができる。倒産管財人は、この期間の経過後に換価権限を有する。

第5編　倒産債権者の満足・手続の廃止

第1章　債権の確定

第174条【債権の届出】

（1）倒産債権者は、自己の債権を倒産管財人に書面により届け出なければならない。この届出には、債権を明らかにする証書の写しを添付しなければならない。

（2）届出に際しては、債権の原因及び金額並びに債権者の評価により、債務者の故意になされた不法行為の基礎になったことが明らかになる事実を示さなければならない。

（3）劣後的倒産債権者の債権は、倒産裁判所が特にその債権の届出を命じるときに限り、届け出なければならない。その債権の届出に際しては、劣後的

順位であることを指摘し、かつ、その債権者が有する順位を示さなければならない。

第175条【債権表】

（１）倒産管財人は、第174条第２項及び第３項の定める記載事項を付した各届出債権を債権表に記載しなければならない。債権表は、届出及び添付された証書を付して、届出期間の経過と調査期日の間の最初の三分の一の期間内は倒産裁判所の書記課に関係人の閲覧のために備え置かなければならない。

（２）債権者が故意になされた不法行為から生じた債権を届け出た場合には、倒産裁判所は、債務者に対して第302条による法効果及び異議の権利を教示しなければならない。

第176条【調査期日の経過】

調査期日においては、届け出られた債権をその額及び順位について調査する。倒産管財人、債務者又は倒産債権者が争う債権は、これを個別に討議しなければならない。

第177条【事後的届出】

（１）調査期日においては、届出期間の経過後に届け出られた債権も調査しなければならない。ただし、倒産管財人又は倒産債権者がこの調査に異議をのべたか、又は、債権が調査期日後にはじめて届け出られるとき、倒産裁判所は、遅滞した者の費用により特別の調査期日を定めるか、又は、書面手続における調査を命ずるかのいずれかをしなければならない。届出の事後的変更には、第一文及び第二文を準用する。

（２）倒産裁判所は、劣後的倒産債権者に第174条第３項によりその債権の届出を命じ、かつ、届出のために定められた期間が調査期日の前一週間より後に経過するとき、倒産財団の費用において特別の調査期日を定めるか、又は、書面手続における調査を命ずるかのいずれかをしなければならない。

（３）特別の調査期日は、これを公告しなければならない。債権の届出をした倒産債権者、倒産管財人及び債務者は、その期日に特別に呼び出さなければならない。

第178条【債権確定の要件及び効力】

（1）債権は、倒産管財人及び倒産債権者のいずれもが調査期日又は書面手続において（第177条）その債権に対して異議を述べないか、又は、述べられた意義が排除される限りにおいて、確定したものと看做す。債務者の異議は、債権の確定の妨げにはならない。

（2）倒産裁判所は、届け出られた各債権につき、債権が同債権の額及び順位についてどの範囲で確定されているか、又は、確定に対して誰が異議を述べたかを債権表に記載する。債務者の異議は、またこれを記載しなければならない。手形及びその他の債務証書には、書記課の書記官が確定した旨を記載しなければならない。

（3）債権表への記載は、確定された債権について、その債権の額及び順位により倒産管財人及びすべての倒産債権者に対して確定力ある判決と同様の効力を有する。

第179条【争いのある債権】

（1）債権が倒産管財人又は倒産債権者によって争われるときは、争う者に対する確定を債権者に負わせる。

（2）争いある債権につき執行力のある債務名義又は終局判決があるとき、争う者は、異議を訴える義務を負うものとする。

（3）倒産裁判所は、争われている債権の債権者に債権表に基づく認証のある抄本を付与する。第2項の場合に、争う者は、またここに定める抄本を受け取る。自己の債権が確定されている債権者は、不利益を受けない。債権者には、調査期日前にこのことが指摘される。

第180条【債権確定についての管轄】

（1）債権確定については、訴えを通常の手続において提起しなければならない。訴えについて、倒産手続が係属しているか又は係属していた区裁判所は、専属的に管轄権を有する。訴訟物が区裁判所の管轄権に属さないとき、倒産裁判所が属する管轄区の地方裁判所は、専属的に管轄権を有する。

（2）倒産手続開始時に債権に関する訴訟が係属していたときは、訴訟の受継により確定を求めなければならない。

第181条【債権確定の範囲】

　債権の確定は、届出又は調査期日に表示されていた債権の原因、額及び順位に従ってのみこれを申立てることができる。

第182条【訴額】

　倒産管財人又は倒産債権者によって存続が争われている債権の確定を求める訴えの訴訟物の価額は、倒産財団の配当に際してその債権に対して割り当てられるべき額により定まるものとする。

第183条【決定の効力】

　（1）債権を確定し又は異議に理由がある旨を宣言する確定力ある決定は、倒産管財人及びすべての倒産債権者に対して効力を有する。

　（2）勝訴当事者は、倒産裁判所に債権表の構成を申し立てる義務を負う。

　（3）管財人ではなくして個々の債権者のみが訴訟を追行したときは、この債権者は、その決定によって倒産財団に利益を生じた範囲において、その費用の償還を倒産財団より受けることができる。

第184条【債務者の異議に対する訴え】

　債務者が調査期日又は書面手続において（第177条）債権を争うとき、債権者は、債務者に対して債権の確定を求める訴えを提起することができる。倒産手続開始時に債権に関する訴訟が係属していたときは、債権者は、債務者に対するこの訴訟を受継することができる。

第185条【特別の裁判管轄】

　債権の確定について通常裁判所に対する出訴の方法が認められていないときは、管轄権を有する他の裁判所又は管轄権を有する行政官庁は、確定をおこなわなければならない。第180条第2項及び第181条、第183条、第184条の規定は、これを準用する。他の裁判所において確定を求めるときは、第182条を準用する。

第186条【原状回復】

　（1）債務者が調査期日に欠席したときは、倒産裁判所は、申立てに基づい

て債務者に原状回復を認めなければならない。民事訴訟法第51条第2項、第85条第2項、第233条乃至第236条の規定は、これを準用する。

（2）原状回復を求める申立てに関する書面は、後に争われることになる債権の債権者に送達される。原状回復が認められるとき、この書面における争いは、調査期日における争いと同様とする。

第2章 配　当

第187条【倒産債権者の満足】
（1）倒産債権者への配当は、一般調査期日後にはじめて開始することができる。

（2）倒産債権者に対する配当は、倒産財団に十分な現金が存在する度ごとにこれをおこなうことができる。劣後的倒産債権者は、中間配当に際しては、考慮されない。

（3）配当は、倒産管財人により実施される。倒産管財人は、債権者委員会が設置されているとき、各配当の前に債権者委員会の同意を得なければならない。

第188条【配当表】
倒産管財人は、配当の前に、配当において考慮すべき債権の一覧表を作成しなければならない。この一覧表は、関係人の閲覧に供するために書記課に備え置かなければならない。倒産管財人は、債権の総額及び倒産財団から充当できる額を公示しなければならない。

第189条【争いのある債権の考慮】
（1）債権が確定されず、かつ執行力のある債務名義若しくは終局判決がない債権を有する倒産債権者は、遅くとも公告後の二週間の除斥期間内に倒産管財人に対して、確定の訴えを提起している旨又は以前に係属していた訴訟における手続を受継している旨、及び、どのような金額で債権確定の訴えを提起し又はその手続を受継しているかを証明しなければならない。

（2）証明が適時におこなわれるときは、その債権に対して配当される配当分は、訴訟が係属している限りにおいて、配当に際して留保される。

（3）証明が適時におこなわれないときは、その債権は、配当に際して考慮されない。

第190条【別除権を有する債権者の考慮】

（1）別除的満足を受けることができる債権者は、遅くとも第189条第1項に定められた除斥期間内に倒産管財人に対して、自己が別除的満足を放棄した旨又は自己に別除的満足に際して不足が生じた旨、及び、どのような金額で放棄し又は不足が生じたかを証明しなければならない。証明が適時におこなわれないとき、その債権は、これを配当に際して考慮しない。

（2）債権者が遅くともこの除斥期間内に倒産管財人に対して、別除権が存する目的物の換価がおこなわれることを証明し、かつ、推定上の不足額を疎明するとき、中間配当の際して考慮すれば十分であるものとする。この場合に、その債権に対して配当される配当分は、配当に際して留保される。最後配当に際して第1項の要件を充たしていないとき、留保された配当分は、これを最後配当に充てるものとする。

（3）管財人のみが別除権が存する目的物を換価することができるとき、第1項及び第2項は、これを適用しない。中間配当に際して、倒産管財人は、この者がいまだ目的物を換価していなかったとき、その債権者の不足額を評価し、かつ、その債権に配当される配当分を留保しなければならない。

第191条【停止条件付債権の考慮】

（1）停止条件付債権は、中間配当に際してその債権の全額において考慮される。その債権に配当される配当分は、配当に際してこれを留保する。

（2）最後配当に際して、停止条件付債権は、条件成就の可能性がないためにその債権が配当時に財産価値を有しないとき、これを考慮しない。この場合に、第1項第2文により留保された配当分は、これを最後配当に充てるものとする。

第192条【事後的考慮】

中間配当に際して考慮されずかつ第一189条、第190条の要件を事後的に充たす債権者は、その後の配当に際して残りの倒産財団から他に先立って、この債権者と残余の債権者とが同等になる金額を取得するものとする。

第193条【配当表の変更】

　倒産管財人は、第189条に定められた除斥期間の経過後三日内に第189条乃至第192条の原因に基づいて必要となる配当表の変更をおこなわなければならない。

第194条【配当表に対する異議】

　（1）中間配当に際して、債権者の配当表に対する異議は、第189条に定められた除斥期間の経過後一週間が経過するまでに倒産裁判所に申立てなければならない。

　（2）裁判所の異議を却下する決定は、その債権者及び倒産管財人に対してこれを送達しなければならない。その債権者は、この決定に対して即時抗告をすることができる。

　（3）裁判所の配当表の更生を命ずる決定は、その債権者及び倒産管財人に対してこれを送達し、かつ、関係人の閲覧のためにこれを書記課に備え置かなければならない。倒産管財人及び倒産債権者は、この決定に対して即時抗告をすることができる。抗告期間は、この決定が備え置かれた日から開始する。

第195条【配当額の確定】

　（1）中間配当については、債権者委員会は、倒産管財人の提案に基づいて、支払われるべき配当額を定める。債権者委員会が設置されていないとき、倒産管財人は、配当額を定める。

　（2）倒産管財人は、考慮される債権者に配当額を通知しなければならない。

第196条【最後配当】

　（1）最後配当は、倒産財団の換価が終了した後直ちにこれをおこなう。

　（2）最後配当は、倒産裁判所の同意があるときにのみこれをおこなうことができる。

第197条【最後の期日】

　（1）倒産裁判所は、最後配当の同意をするに際して債権者集会を終了するための期日を定める。この期日は、つぎの目的のために開かれる。

1．倒産管財人の最後計算の討議

2．最後配当表に対する異議の申立て
3．倒産財団の換価できない目的物に関する債権者の決議
　（2）期日の公告とその期日の間には、三週間以上一ヶ月以下の期間を置かなければならない。
　（3）債権者の異議に関する倒産裁判所の決定については、第194条第2項及び第3項は、これを準用する。

第198条【留保された額の供託】
　倒産管財人は、倒産裁判所の同意を得て関係人の負担において適切な機関に最後配当において留保された額を供託しなければならない。

第199条【最後配当における剰余金】
　最後配当においてすべての倒産債権者の債権を全額支払うことができるとき、倒産管財人は、剰余金を債務者に引渡さなければならない。債務者が自然人ではないとき、倒産管財人は、債務者に資本参加しているそれぞれの者に対して、この者に倒産手続外の清算の際であれば生じたであろう剰余金分を引き渡さなければならない。

第200条【倒産手続の終結】
　（1）最後配当を実施したとき、倒産裁判所は、直ちに倒産手続の終結を決定する。
　（2）終結決定及び終結理由は、これを公告しなければならない。公告は、第九条によらず連邦官報において要旨を掲載しなければならない。第31条乃至第33条の規定は、これを準用する。

第201条【手続終結後の倒産債権者の権利】
　（1）倒産債権者は、倒産手続の終結後にその残余債権を債務者に対して無制限に行使することができる。
　（2）債権が確定されかつ債権が調査期日において債務者によって争われなかった倒産債権者は、債権表への記載により執行力のある判決によるのと同様に債務者に対する強制執行を申立てることができる。申し述べられた異議が排斥された債権は、争われなかった債権と同様とする。

（3）免責に関する規定は、その適用を妨げない。

第202条【執行における管轄】
（1）第201条の場合においては、倒産手続が係属し又は係属していた区裁判所は、つぎの掲げる訴えについて専属的に管轄権を有する。
1．執行文付与の訴え
2．執行文付与の訴えの後に、付与の要件が生じていたことを争う訴え
3．請求自体に関する異議を主張する訴え
（2）訴訟物が区裁判所の管轄に属しないとき、地方裁判所は、倒産裁判所が属する管轄区域の地方裁判所が専属的に管轄権を有する。

第203条【追加配当の命令】
（1）倒産裁判所は、最後の期日後につぎに掲げる事情が生じたときは、倒産管財人又は倒産債権者の申立てに基づいて、又は、職権により、追加配当を命ずる。
1．留保された額が配当に充てられるとき
2．倒産財団から支払われた額が元に戻されるとき
3．倒産財団の目的物が明らかにされたとき
（2）手続の終結は、追加配当の命令を妨げない。
（3）倒産裁判所は、額の低いこと又は目的物の価値の低いこと及び追加配当の費用を考慮して適切と思われるとき、命令をおこなわず、かつ、処分できる額又は明らかにされた目的物を債務者に引渡すことができる。倒産裁判所は、追加配当の費用を賄う金額の予納を条件として命令することができる。

第204条【抗告】
（1）追加配当の申立てを却下する決定は、これを申立人に送達する。申立人は、決定に対して即時抗告をすることができる。
（2）追加配当を命ずる決定は、倒産管財人、債務者、及び、債権者が配当を申立てていたときはその債権者にこれを送達する。債務者は、決定に対して即時抗告をすることができる。

第205条【追加配当の実施】
　倒産管財人は、処分できる額又は明らかにされた財産の換価から生じた換価金を追加配当の命令後に最後配当表に基づいて配当しなければならない。倒産管財人は、倒産裁判所に対して計算書を提出しなければならない。

第206条【財団債権者の排除】
　請求権の存在が倒産管財人に明らかになった時期がつぎのときは、その請求権を有する財団債権者は、配当後に倒産財団に残存する財産からのみ満足を受けることができる。
１．中間配当の場合には、配当額の確定後
２．最後配当の場合には、最後の期日の終了後
３．追加配当の場合には、公告後

第３章　手続の廃止

第207条【財団不足による廃止】
（１）倒産手続開始後に、倒産財団が手続費用を賄うのに十分ではないことが明らかになるときは、倒産裁判所は、その手続を廃止する。この廃止は、十分な金額が予納されるときにはおこなわれない。第26条第３項は、これを準用する。
（２）廃止の前に、債権者集会、倒産管財人、及び、財団債権者を審尋しなければならない。
（３）倒産管財人は、財団に現金がある限りにおいて、廃止の前に手続費用をそれらの額の割合に応じて支払わなければならない。そのうち立替金は、先立って支払うものとする。倒産管財人は、それ以後、財団目的物の換価につき義務を負わない。

第208条【財団不足の届出】
（１）倒産財団が倒産手続費用を賄うことができるにもかかわらず弁済期にあるその他の財団債務を履行するのに十分ではないとき、倒産管財人は、倒産裁判所に対して財団が不足している旨を届け出るものとする。倒産財団がその他の生じている財団債務を弁済期の時点において履行するのに十分でないこと

が明らかに見込まれるとき、また同様とする。
　（2）倒産裁判所は、この財団が不足している旨の届出を公告しなければならない。届出は、財団債権者に対して特別にこれを送達する。
　（3）倒産管財人の財団の管理義務及び換価義務は、財団が不足している旨の届出後にも存続する。

第209条【財団債権者の満足】

　（1）倒産管財人は、つぎの順序にしたがい、同順位の場合には額の割合に応じて財団債務を支払わなければならない。
1．倒産手続の費用
2．財団不足の届出後に生じた、手続費用には属さない財団債務
3．その他の財団債務。そのうちで第100条、第101条第1項第3文により認められた扶養料は最後の支払いとする。
　（2）つぎに掲げる財団債務は、また第1項第2号の定める財団債務と看做す。
1．管財人が財団が不足している旨の届出をなした後に履行を選択した双務契約から生じる財団債務
2．管財人が財団が不足している旨の届出後に解約告知をすることができた最初の期日の後の時期につき継続的債務関係から生じる財団債務
3．管財人が財団が不足している旨の届出後に倒産財団のために反対給付を請求した限りにおいて継続的債務関係から生じる財団債務

第210条【執行禁止】

　第209条第1項第3号の定める財団債務に基づく執行は、倒産管財人が財団が不足している旨を届出た後は、これを認めない。

第211条【財団不足の届出後の廃止】

　（1）倒産管財人が第209条の規定により倒産財団を配当したとき、倒産裁判所は、直ちに倒産手続を廃止する。
　（2）管財人は、財団が不足している旨の届出後のその職務行為については、分離して計算をしなければならない。
　（3）手続廃止後に倒産財団の目的物が明らかになるときは、裁判所は、管

財人の申立てに基づいて、その額の割合に応じて支払いを命ずる。管財人は、財団の目的物についてもはや換価義務を負わない。

第212条【開始原因の欠缺による廃止】

　倒産手続は、廃止後に債務者について支払不能ならびに支払不能の虞れが存しないこと、及び、債務超過が倒産手続開始原因であるときには債務超過が存しないことが明らかであるときは、債務者の申立てに基づいてこれを廃止しなければならない。申立ては、開始原因の欠缺が疎明されるときに限りこれを適法とする。

第213条【債権者の同意による廃止】

　（１）倒産手続は、債務者が届出期間の経過後に債権を届出ていたすべての倒産債権者の同意書を提出するときは、債務者の申立てに基づいてこれを廃止しなければならない。債権者が債務者又は倒産管財人によって争われている債権を有するとき、及び、債権者が別除権を有するとき、倒産裁判所は、債権者の同意がどの程度必要であるか又は債権者に対する担保提供がどの程度必要であるかを自由な裁量により決定する。

　（２）手続は、債務者が提出する同意書にある債権者のほかに他の債権者の存在が明らかでないときは、届出期間の経過前に債務者の申立てに基づいてこれを廃止することができる。

第214条【廃止の手続】

　（１）第212条又は第213条による倒産手続廃止を求める申立ては、これを公告する。申立ては、これを関係人の閲覧のために書記課に備え置かれなければならない。第213条の場合に、債権者の同意の意思表示は、これを添付しなければならない。倒産債権者は、公告後一週間内に書面により又は書記課の記録において申立てに対して異議を申立てることができる。

　（２）倒産裁判所は、申立人、倒産管財人、及び、債権者委員会が設置されているときは債権者委員会の審尋の後に廃止につき決定をする。異議のあるときは、異議を述べた債権者は、これを審尋しなければならない。

　（３）倒産管財人は、廃止の前に争いのない財団請求権を支払い、かつ、争いのある財団請求権に対しては担保を提供しなければならない。

第215条【廃止の公告及び効力】

（1）第207条、第211条、第212条又は第213条により倒産手続を廃止する決定及び原因は、これを公告する。廃止の効力発生時期（第9条第1項第3文）は、債務者、倒産管財人、及び、債権者委員会にあらかじめこれを通知しなければならない。第200条第2項第2文及び第3文は、これを準用する。

（2）債務者は、倒産手続の廃止により倒産財団につき自由に処分する権利を回復する。第201条、第202条の規定は、これを準用する。

第216条【抗告】

（1）倒産手続が第207条、第212条又は第213条により廃止されるとき、各倒産債権者及び第207条により廃止されたときに債務者は、即時抗告をすることができる。

（2）第212条又は第213条による申立てが却下されるとき、債務者は、即時抗告をすることができる。

第6編　倒産計画

第1章　計画案の作成

第217条【原則】

倒産計画案においては、別除権を有する債権者及び倒産債権者の満足、倒産財団の換価及び関係人に対するその財団の配当、ならびに倒産手続終了後の債務者の債務は、本法とは異なる定めをすることができる。

第218条【倒産計画案の提出】

（1）倒産計画案の提出の権限は、倒産管財人及び債務者が有する。債務者による提出は、倒産手続開始の申立てと同時にすることができる。最後期日後に至って裁判所に提出される計画案は、考慮されない。

（2）債権者集会が倒産管財人に倒産計画案の作成を委託したときは、倒産管財人は、適切な期間内に倒産裁判所に対して倒産計画案を提出しなければならない。

（3）管財人による計画案の作成に際しては、債権者委員会が任命されているときは債権者委員会、経営協議会、管理職者代表委員会、及び、債務者は、助言により協力する。

第219条【計画案の構成】

　倒産計画案は、説明部分及び権利変更部分から構成される。倒産計画案には、第229条及び第230条に定める添付書類を添付しなければならない。

第220条【説明部分】

　（1）倒産計画案の説明部分には、計画された関係人の権利の変更のための基礎を作り出すために、いかなる措置が倒産手続開始後に採られたか、又は、さらに採られるべきかを記載する。

　（2）説明部分は、計画案に対する同意に関する債権者の判断又は計画案の裁判上の認可にとり重要である計画の基礎及び効果についてのその他すべての記載を含まなければならない。

第221条【権利変更部分】

　倒産計画案の権利変更部分では、関係人の法的地位が計画案によりどのように変更されるべきかを確定する。

第222条【グループの形成】

　（1）倒産計画案において関係人の権利を確定するときには、債権者が異なる法的地位を有している限りにおいて、グループを形成しなければならない。以下の者は、これを区別しなければならない。
1．別途権を有する債権者で、計画案が別途権を有する債権者の権利に影響を与えるとき
2．非劣後的倒産債権者
3．劣後的倒産債権者の個々の順位等級で、その債権が第225条により債務免除されたものと看做されない範囲

　（2）同等の法的地位を有する債権者は、債権者が同種の経済的利益でまとめられるグループを形成することができる。グループは、これを事実に即して公平に相互に区分しなければならない。区分についての基準は、これを計画案

に記載しなければならない。

（3）労働者が些細であるとはいえない債権により倒産債権者として参加しているときは、労働者は、特別のグループを形成しなければならない。少額債権者については、特別のグループを形成することができる。

第223条【別除権者の権利】

（1）倒産計画に別段の定めがないときは、別除権を有する債権者の権利は、別除権が成立している目的物からの満足について計画により影響を受けない。信用法第１条第17項の意味における金融担保ならびに担保に関しては、以下の事項については、異なる定めは許されない。
１．信用法第１条第16項によるシステムの参加者にはシステムから生ずる請求権の担保のために
２．ヨーロッパ連合の加盟国の中央銀行又はヨーロッパ中央銀行から生ずる請求権の担保のために

（2）別段の定めが計画案になされる限りにおいては、別除権を有する債権者の権利について、どれだけの配当額について権利を減額すべきか、いかなる期間について権利が支払を猶予されるべきか、又は、権利が他のどのような規律に服するべきかを権利変更部分に記載しなければならない。

第224条【倒産債権者の権利】

非劣後的倒産債権者については、どれだけの配当額につき債権を減額すべきか、いかなる期間につき債権が支払を猶予されるべきか、どのように債権を担保すべきか、又は、債権が他のどのような規律に服すべきかを、倒産計画案の権利変更部分に記載しなければならない。

第225条【劣後的倒産債権者の権利】

（1）劣後的倒産債権者の債権は、倒産計画に別段の定めがないときは、免除されたものと看做す。

（2）計画において別段の定めがなされる限りにおいては、劣後的債権者の各グループについて、権利変更部分に第224条に定める記載をしなければならない。

（3）罰金及び第39条第１項第３号において罰金と同視される債務に関する

倒産手続終了後の債務者の債務は、これを計画により排除することも、制限することもできない。

第226条【関係人の平等取扱い】
（1）各グループの中においては、すべての関係人に対して、同等の権利が与えられなければならない。
（2）グループの関係人を区々に扱うことは、すべての関係人の同意があるときに限り許される。この場合に、倒産計画案に対しては、関係人の同意書を添付しなければならない。
（3）個々の関係人と倒産管財人、債務者又はその他の者と合意であり、かつその関係人の議決の際の行動について又はその他倒産手続との関係において計画案に定められていない利益を与えるすべての合意は、これを無効とする。

第227条【債務者の責任】
（1）倒産計画に別段の定めがなされていないときは、債務者は、倒産債権者の権利変更部分において定められた満足と同時に、債権者に対する残債務を免れる。
（2）債務者が法人格のない会社又は株式合資会社であるときは、第1項は、これを社員の無限責任に準用する。

第228条【物権関係の変更】
目的物に対する権利が発生、変更、譲渡又は放棄されるべきときは、関係人の必要な意思表示は、これを倒産計画の権利変更部分に記載することができる。土地又は登記された権利に対する土地登記簿に登記された権利に関するときは、この権利は、不動産登記法第28条にしたがい正確に表示しなければならない。船舶登記簿、建造中の船舶登記簿又は航空機の質権登記簿に登記されている権利については、第2文を準用する。

第229条【財産目録／成果の予想計画案及び財政計画案】
債権者が債務者又は第三者により継続される企業の収益から満足を受けるときは、倒産計画案に対しては、計画案の効力発生の際に対置される財産目的物及び債務がその価値の評定とともに記載されている財産目録を添付しなければ

ならない。いかなる出費及び収益が債権者が満足するまでの期間について予想され得るか、及び、いかなる一連の所得及び支出によりその期間の企業の支払能力が保証されるべきかについては、これを補充的に記載しなければならない。

第230条【その他の添付書類】

（1）倒産計画案において債務者がその企業を継続することが定められ、かつ、債務者が自然人であるときは、倒産計画案に対しては、債務者が計画案に基づいて企業を続行する準備がある旨の債務者の宣言書を添付しなければならない。債務者が法人格のない会社又は株式合資会社であるときは、倒産計画案に対しては、無限責任を負担する社員のこれに準ずる宣言書を添付しなければならない。債務者が自ら計画案を添付するときは、第1文による債務者への宣言書は、これを必要としない。

（2）債権者が法人、法人格のない社団又は法人格のない会社に対する持分権もしくは社員権又は収益的持分を譲り受けるときは、倒産計画案に対しては、このすべての債権者の同意書を添付しなければならない。

（3）第三者が計画案の認可の場合について債権者に対して義務を承継したときは、倒産計画案に対しては、第三者の同意書を添付しなければならない。

第231条【計画案の却下】

（1）倒産裁判所は、以下の場合には、職権により倒産計画案を却下する。
1．提出の権利及び計画案の内容に関する規定が遵守されておらず、かつ、提出者が不備を補正することができないか又は裁判所により定められた相当期間内に不備を補正しないとき
2．債務者により提出された計画案が明らかに債権者による可決又は裁判所による認可の見込みを有しないとき
3．債務者により提出された計画案の権利変更部分にしたがい関係人に対して生じる請求権が明らかに履行されない可能性があるとき

（2）債務者により拒絶され、裁判所により認可されず又は債務者により討議期日の公告後に撤回されていた計画案を債務者が倒産手続においてすでに提出していた場合に、倒産管財人か債権者委員会が設置されているときにはその同意を得て債務者の新たな計画案の却下を申し立てたときは、裁判所は、債務

者の新たな計画案を却下しなければならない。
　(3) 計画案を却下する決定に対しては、提出者は、即時抗告をすることができる。

第232条【計画案に対する意見表明】
　(1) 倒産裁判所は、倒産計画案が却下されないときは、意見表明のために、以下の者に対して計画案を送付する。
1．債権者委員会が設置されているときに債権者委員会、経営協議会及び管理職者代表委員会
2．倒産管財人が計画案を提出したときには債務者
3．債務者が計画案を提出したときには倒産管財人
　(2) 裁判所は、債務者について所轄する官立の工業職能代表所、商業職能代表所、手工業職能代表所又は農業職能代表所、又は、その他の専門機関に対しても、また意見表明の機会を与えることができる。
　(3) 裁判所は、意見表明をするための期間を裁定する。

第233条【換価及び配当の停止】
　倒産裁判所は、倒産財団の換価及び配当を継続するならば提出された倒産計画案の実施が困難になる範囲において、債務者又は倒産管財人の申立てに基づいて換価及び配当の停止を命ずる。裁判所は、停止が財団に対する著しい不利益の虞れを伴うか又は管財人が債権者委員会又は債権者集会の同意を得て換価及び配当の継続を申し立てる範囲において、停止をおこなわないか又は停止を取り消す。

第234条【計画案の備え置き】
　倒産計画案は、計画案の添付書類及びそれに対する意見表明書を付して、関係人の閲覧に供するために裁判所の書記課に備え置かなければならない。

第2章　計画案の可決と認可

第235条【討議期日及び投票期日】
　(1) 倒産裁判所は、倒産計画案及び債権者の投票権を討議し、かつそれに

続いて計画案について投票をする期日（討議期日及び投票期日）を定める。期日は、一ヶ月を超えて定めてはならない。

（2）討議期日及び投票期日は、これを公告する。公告においては、計画案及びそれに対する意見表明書を裁判所の書記課において閲覧することができる旨を指摘しなければならない。

（3）債権を届け出た倒産債権者、別除権を有する債権者、倒産管財人、債務者、経営協議会及び管理職者代表委員会は、これを特別に呼び出さなければならない。呼び出しには、計画案の写し又は提出者が要請に基づいて提示した計画案の重要な内容の要旨を送付しなければならない。

第236条【調査期日との併合】

討議期日及び投票期日は、これを調査期日前に開催してはならない。ただし、両期日は、これを併合することができる。

第237条【倒産債権者の議決権】

（1）倒産計画案に関する投票に際しての倒産債権者の議決権については、第77条第1項第1文、第2項及び第3項第1号を準用する。別除権を有する債権者は、債務者がこの債権者に人的にも責任を負っており、かつ債権者が別除的満足を放棄するか又はその満足に際して不足額を生じる限りにおいてのみ、倒産債権者として投票することができる。不足額が確定していないときは、推定による不足額により別除権を有する債権者を考慮しなければならない。

（2）計画案により害されない債権を有する債権者は、議決権を有しない。

第238条【別除権を有する債権者の議決権】

（1）倒産計画案において別除権を有する債権者の法的地位も定められている限り、期日において、その債権者の権利を個別に討議しなければならない。倒産管財人、別除権を有する債権者及び倒産債権者のいずれにも争われていない別除権に対しては、議決権が認められる。争いがある権利、停止条件付権利又は期日未到来の権利の場合の議決権については、第41条、第77条第2項、第3項第1号を準用する。

（2）第237条第2項は、これを準用する。

第239条【議決権一覧表】

　裁判所の書記課の書記官は、討議期日における討議結果したがえばいかなる議決権が債権者に帰属するかを一覧表に記録する。

第240条【計画案の変更】

　提出者は、倒産計画案の個々の定めを期日における討議に基づいて内容的に変更することができる。変更された計画案については、同一期日中においてもまた投票することができる。

第241条【分離された投票期日】

（１）倒産裁判所は、倒産計画案についての投票のために、分離された期日を定めることができる。この場合には、討議期日と投票期日の間の期間は一ヶ月を超えてはならない。

（２）投票期日には、議決権を有する債権者及び債務者を呼出さなければならない。計画案の変更の場合には、変更部分を特に指摘しなければならない。

第242条【書面による投票】

（１）分離された投票期日を定めたときは、議決権を書面により行使することができる。

（２）倒産裁判所は、議決権を有する債権者に対して討議期日後に投票用紙を送付し、かつ、債権者に対してその議決権を通知する。書面による投票は、投票が裁判所に遅くとも投票期日の前日までに到達したときに限り考慮される。この旨は、これを投票用紙の送付の際に指摘しなければならない。

第243条【グループでの投票】

　議決権を有する債権者の各グループは、別々に倒産計画案に関して投票をおこなう。

第244条【必要多数】

（１）債権者が倒産計画案を可決するためには、各グループにおいて以下の要件を充たすことを要する。

１．投票した債権者の多数が計画案に同意したこと、

2．同意した債権者の請求権の総額が投票した債権者の請求権の過半数であること

（2）権利が共同に帰属している債権者又は開始原因の発生まで単一の権利を形成していた権利の債権者は、投票に際して一人の債権者と計算される。一つの権利に対して質権又は用益権が存するときは、この規定を準用する。

第245条【妨害禁止】

（1）必要多数に達しなかった場合においても、以下のときには、投票グループの同意が存在するものと看做される。

1．このグループの債権者が倒産計画案により計画案がなかったとしたら有したであろう地位より不利な地位には置かれないとき

2．このグループの債権者が計画案に基づき関係人に与えられるべき経済的価値に対して適切な関与を認められているとき

3．投票グループの多数が計画案に対して必要多数をもって同意したとき

（2）計画案にしたがった場合に以下の結果を導くときは、第一項第二号の意味における、グループの債権者の適切な関与が認められる。

1．他の債権者がその請求権の全額を超える経済的価値を取得しないとき

2．計画案がない場合にそのグループの債権者に対して劣後的に満足を受けるべきであったはずの債権者、債務者又は債務者に対して資本参加している者が経済的価値を取得しないとき

3．計画案がない場合にそのグループの債権者と同順位で満足を受けるべきであったはずの債権者がこの債権者よりも有利な地位に置かれないとき

第246条【劣後的倒産債権者の同意】

劣後的倒産債権者による倒産計画案の可決については、補充的に以下の規定を適用する。

1．相応の利息債権又は費用債権が計画案において免除されるか又は第225条第1項にしたがい免除されたものと看做されるときで、かつ、計画案にしたがっても倒産債権者の主たる債権が完全には支払われないときは、第39条第1項第1号又は第2号の順位を有するグループの同意は、これを存在するものと看做す。

2．第39条第1項第3号に劣後する順位を有するグループの同意は、計画案に

より倒産債権者がこのグループの債権者より有利な地位に置かれていないときには、これを存在するものと看做す。
　3．あるグループの債権者が投票に全く参加しないときは、このグループの同意は、存在するものと看做す。

第247条【債務者の同意】
　(1) 債務者が遅くとも投票期日に計画案に対して書面により又は裁判所の書記課の調書に対して異議を述べないときは、債務者の計画案に対する同意は、これを存在するものと看做す。
　(2) 以下の場合には、異議は、これを第1項の枠内において考慮しない。
1．債務者が計画案により計画案がないとすれば有したであろう地位よりも不利な地位に置かれることがないとき
2．債権者がその請求権の全額を超える経済的価値を取得しないとき

第248条【裁判所の認可】
　(1) 債権者による倒産計画案の可決（第244条乃至第246条）及び債務者の同意後に、計画案は、倒産裁判所の認可を要する。
　(2) 裁判所は、認可に関する決定の前に、倒産管財人、設置されているときは債権者委員会、及び、債務者を審尋しなければならない。

第249条【条件付計画案】
　倒産計画案において認可の前に特定の給付がなされること又はその他の措置が実施されるべきことが定められているときは、これらの前提条件が履行されたときに限り、その計画案を認可することが許される。その前提条件が倒産裁判所により定められた相当期間経過後においても履行されていないときは、認可は、これを職権により拒絶することができる。

第250条【手続規定の違反】
　以下の場合には、認可は、これを職権により拒絶しなければならない。
1．倒産計画案の内容ならびに手続上の取扱いに関する規定、及び、債権者による可決ならびに債務者の同意に関する規定が重要な点において遵守されておらず、かつ、その不備を除去することができないとき

2．計画案の可決が、不当に、特にある債権者を優遇することにより達成されたとき

第251条【少数者保護】
（1）以下の場合には、債権者の申立てに基づいて倒産計画案の認可を拒絶しなければならない。
1．債権者が遅くとも投票期日に書面により又は裁判所の書記課の調書に対して異議を述べたとき
2．債権者が計画案により計画案がないとすれば有したであろう地位よりも不利な地位に置かれるとき
（2）申立ては、債権者が計画案により不利な地位に置かれることを疎明するときに限り、これを適法とする。

第252条【決定の告知】
（1）倒産計画案を認可する決定または許可を拒絶する決定は、これを投票期日又は直ちに定められるべき特別な期日において言い渡さなければならない。
（2）倒産計画案が認可されるときは、債権を届け出た債権者及び別除権を有する債権者に対しては、認可されたことを指摘したうえ、計画の写し又は計画の重要な内容の要旨を送付しなければならない。

第253条【不服申立て】
債権者及び債務者は、倒産計画案を認可する決定又は認可を拒絶する決定に対して即時抗告をすることができる。

第3章　認可された計画の効力・計画履行の監視

第254条【計画の一般的効力】
（1）権利変更部分に定められた効力は、倒産計画案の認可の確定により、すべての関係人に対して、有利にも不利にも生ずる。目的物に対する権利が発生、変更、譲渡又は放棄されるべきとき、又は、有限会社の持分が譲渡されるべきときは、計画に入れられた関係人の意思表示は、法定の形式によりおこな

われたものと看做す。目的物に対する権利の成立、変更、譲渡あるいは放棄又は持分の譲渡を基礎づける計画における債務負担の意思表示については、この規定を準用する。第１文及び第２文は、自己の債権を届出なかった倒産債権者及び計画案に対して異議を述べた関係人に対しても、またこれを適用する。

（２）連帯債務者及び債務者の保証人に対する倒産債権者の権利、及び、倒産財団に属さない目的物に対する権利又はそのような目的物に関する仮登記に基づく権利は、計画により影響を受けない。ただし、債務者は、計画により、債権者に対してと同様に、連帯債務者、保証人又はその他の求償権者に対して免責される。

（３）債権者が計画にしたがい請求するはずのものよりも多くの満足を受けたときは、取得物の返還義務は生じない。

第255条【復活条項】

（１）倒産計画の権利変更部分に基づいて倒産債権者の債権が支払いを猶予され又は一部免除されているときは、猶予又は免除は、債務者が計画の履行につき著しく遅滞する相手方である債権者に対して、これを無効とする。債権者が債務者に対して書面により催告しかつその際に債務者に少なくとも二週間の猶予期間を裁定したにもかかわらず、債務者が期限の到来した債務を支払わなかったときは、著しい遅滞があるものとする。

（２）計画の完全な履行の前に債務者の財産について新たな倒産手続が開始されるときは、猶予又は免除は、すべての倒産債権者に対して、これを無効とする。

（３）計画においては、別段の定めをすることができる。ただし、債務者の不利に第一項と異なる定めをすることができない。

第256条【争いのある債権／不足額債権】

（１）債権が調査期日において争われ又は別除権を有する債権者の不足額債権の額がなお確定していない場合に、債務者が最終的な確定に至るまでに計画案についての投票の際の債権者の議決権に関する倒産裁判所の決定に対応する範囲においてその債権を考慮するときは、第255条第１項の意味における倒産計画の履行についての遅滞があるものとはいえない。議決権に関する決定がされていないときは、裁判所は、債務者又は債権者の申立てに基づいて、債務者

がいかなる範囲で暫定的に債権を考慮すべきかを後に確定しなければならない。

（2）債務者の支払いに不足が生じた旨の終局的な確定がなされるときは、債務者は、その不足額を後から支払わなければならない。債権者が債務者に対して書面により催告しかつその際に債務者に少なくとも二週間の猶予期間を最低したにもかかわらず、債務者が不足額を後から支払わないときは、倒産計画の履行についての著しい遅滞があるものとする。

（3）債務者が過分に支払った旨の終局的な確定がなされるときは、債務者は、超過額が倒産計画案にしたがい債権者に帰属する債権の期限の到来していない部分をも超える範囲に限り、その超過額の返還を請求することができる。

第257条【計画に基づく執行】

（1）確定されかつ債権者により調査期日に争われなかった債権を有する倒産者は、債権表への記載と結び付いた、確定力をもって認可された倒産計画に基づいて、執行力ある判決に基づくときと同様に債務者に対して強制執行をおこなうことができる。主張された異議が排斥されている債権は、争いのない債権と同様とする。第202条は、これを準用する。

（2）計画の履行についての倒産裁判所に提出された書面による意思表示により先訴の抗弁を留保することなしに債務者と並んで義務を引き受けた第三者に対する強制執行についても、同様とする。

（3）債権者が計画の履行につき債務者の著しい遅滞がある場合に債権者に帰属する権利を行使するときは、債権者は、その権利についての執行文の付与及び執行の実施のために催告及び猶予期間の経過を疎明しなければならない。ただし、債務者の遅滞については、さらに証明を要しない。

第258条【倒産手続の終結】

（1）倒産裁判所は、倒産計画案の認可が確定するときは、直ちに倒産手続の終結を決定する。

（2）管財人は、その終結前に争いのない財団請求権を支払いかつ争いのある財団請求権のために担保を供与しなければならない。

（3）終結決定及び終結理由は、これを公告する。債務者、倒産管財人及び債権者委員会の構成員に対しては、終結の効力発生時期（第9条第1項第3

号）をあらかじめ通知しなければならない。第200条第2項第2文及び第3文は、これを準用する。

第259条【終結の効力】
（1）倒産管財人及び債権者委員会の構成員の職務は、倒産手続の終結により消滅する。債務者は、倒産財団を事由に処分する権利を回復する。
（2）計画の履行の監視に関する規定は、その適用を妨げない。
（3）管財人は、計画の権利変更部分に定めがあるときは、手続後においても倒産否認を対象とする係属中の訴訟を続行することができる。この場合に計画に別段の定めがないときは、訴訟は、これを債務者の負担において追行する。

第260条【計画案履行の監視】
（1）倒産計画案の権利変更部分においては、計画の履行を監視する旨を定めることができる。
（2）第1項の場合には、倒産手続の終結後に権利変更部分にしたがい債務者に対して生ずる債権者の請求権が履行されているか否かを監視する。
（3）履行の監視が権利変更部分に定められているときは、その監視は、債務者の企業又は事業組織体を引き受けかつ継続するために倒産手続開始後に設立した法人又は法人格のない会社（引受会社）に対して、その権利変更部分にしたがって生ずる債権者の請求権の履行に、これを拡張する。

第261条【倒産管財人の任務及び権能】
（1）監視は、倒産管財人の任務とする。管財人及び債権者委員会の構成員の職務及び倒産裁判所の監督は、その限りにおいて存続する。第22条第3項は、これを準用する。
（2）管財人は、鑑識期間中において、設置されているときには債権者委員会及び裁判所に対して毎年倒産計画の履行のその時々の状況及びその後の見通しについて報告しなければならない。個別の情報又は中間報告を随時求める債権者委員会及び裁判所の権利は、影響を受けない。

第262条【倒産管財人の告知義務】

履行が監視されている請求権が履行されていないか又は履行され得ないことを倒産管財人が確認するときは、倒産管財人は、その旨を遅滞なく債権者委員会及び裁判所に対して告知しなければならない。債権者委員会が設置されていないときは、管財人は、これに代えて、倒産計画の権利変更部分にしたがい債務者又は引受会社に対して請求権が生ずるすべての債権者に通知しなければならない。

第263条【同意を要する行為】

倒産計画の権利変更部分においては、債務者又は引受会社の特定の法律行為が監視期間中には倒産管財人がその法律行為に同意するときに限り有効である旨を定めることができる。第81条及び第82条は、これを準用する。

第264条【借入枠】

（1）倒産計画の権利変更部分においては、倒産債権者が、債務者あるいは引受会社が監視期間中に受ける借入金又は財団債権者が監視期間中にわたり手をつけない借入金及びその他の借入れから生ずる債権を有する債権者に劣後する旨を定めることができる。この場合には、同時に、これらの借入の総額を確定しなければならない。（借入枠）。この総額は、計画案の財産一覧表（第229条第1文）に記載されている財産目的物の価値を超えてはならない。

（2）第1項による倒産債権者の劣後は、元本、利息及び費用についてみれば債権者から供与された借入れが借入枠内に入る旨及びいかなる額が借入枠内に入るかを合意する債権者で、かつ、倒産管財人がこの合意を書面により承認する債権者に対してのみ生じる。

（3）第39条第1項第5号は、その適用を妨げられない。

第265条【新債権者の劣後】

監視期間中に成立したその他の契約上の請求権を有する債権者は、また第264条の基準にしたがい供与され又は生ぜしめられた借入れから生じる債権を有する債権者に劣後する。監視の前に契約により成立した継続的な債務関係から生じた請求権は、債権者が監視の開始後に解約することができた最初の期日後の期間については、また同様の請求権と看做される。

第266条【劣後性の考慮】

（1）倒産債権者及び第265条に定める債権者の劣後性は、監視の終結前に開始される倒産手続においてのみ斟酌される。

（2）この債権者は、その新たな倒産手続において、順位のうえでその他の劣後的債権者に優先する。

第267条【監視の公告】

（1）倒産計画の履行が監視されるときは、これを倒産手続の終結決定と同時に公告する。

（2）以下の事項についても、同様に公告しなければならない。
1．第260条第3項の場合には、監視が引受会社に拡張されること
2．第263条の場合には、いかなる法律行為に倒産管財人の同意が義務づけられるか
3．第264条の場合には、借入枠がいかなる額において定められているか

（3）第31条は、これを準用する。第263条の場合には、土地、登記船舶、建造中の船舶又は航空機に関する処分権、右の目的物に対する権利に関する処分権又は右の権利に対する権利に関する処分権が制限されている範囲において、第32条及び33条は、これを準用する。

第268条【監視の終結】

（1）倒産裁判所は、以下の場合には、監視の終結を決定をする。
1．履行を監視される請求権が履行されているか又はその請求権の履行が担保されているとき
2．倒産手続の終結から三年が経過しかつ新たな倒産手続開始を求める申立てが提起されていないとき

（2）終結決定は、これを公告しなければならない。第267条第3項は、これを準用する。

第269条【監視の費用】

監視の費用は、これを債務者が負担する。第260条第3項の場合には、引受会社は、その監視により生じる費用を負担する。

第7編　自己管理

第270条【要件】

（1）債務者は、倒産裁判所が倒産手続開始に関する決定において自己管理を命ずるときは、監督人の監督のもとで倒産財団を管理及び処分する権限を有する。この手続に対しては、本編に特別の定めがない限り、総則規定を適用する。

（2）自己管理の命令は、以下のことを要件とする。
1．債務者が命令を申し立てたこと
2．債権者が倒産手続の開始を申し立てたときは、債権者が債務者の自己管理の申立てに対して同意したこと
3．自己管理の命令が手続遅延又は債権者にとってのその他の不利益を生じさせないことを諸事情から予見することができるとき

（3）第1項の場合には、倒産管財人に代えて監督人を任命する。倒産債権者の債権は、これを監督人に届出なければならない。第32条及び第33条は、これを適用することができない。

第271条【事後の命令】

倒産裁判所が自己管理を求める債務者の申立てを拒絶したが、第一回債権者集会が自己管理を申し立てるときは、裁判所は、自己管理を命ずる。監督人には、従前の倒産管財人を任命することができる。

第272条【命令の取消し】

（1）倒産裁判所は、以下の場合には、自己管理の命令を取り消す。
1．債権者集会がその取消しを申し立てるとき
2．別除権を有する債権者又は倒産管財人がその取消しを申し立て、かつ、第270条第2項第3号の要件が欠けているとき
3．債務者がその取消しを申し立てるとき

（2）債権者の申立ては、要件の決缺を疎明するときに限り、これを適法とする。申立てについての裁判の前には、債務者を審尋しなければならない。裁判に対しては、債権者及び債務者は、即時抗告することができる。

（3）倒産管財人には、従前の監督人を任命することができる。

第273条【公告】

　倒産手続開始後に自己管理を命じ又はこの命令を取り消す倒産裁判所の決定は、これを公告しなければならない。

第274条【監督人の法的地位】

　（1）監督人の任命、倒産裁判所の監督ならびに監督人の責任及び報酬については、第54条第2号及び第56条乃至第60条、第62条乃至第65条は、これを準用する。

　（2）監督人は、債務者の経済状況を調査し、かつ、事業の遂行ならびに生活についての出費を監視しなければならない。第22条第3項は、これを準用する。

　（3）監督人が自己管理の継続が債権者にとり不利になる事情を確認するときは、監督人は、これを遅滞なく債権者委員会及び倒産裁判所に報告しなければならない。債権者委員会が設置されていないときは、監督人は、これに代えて、債権を届け出た倒産債権者及び別除権を有する債権者に通知しなければならない。

第275条【監督人の協力】

　（1）債務者は、本来の営業に属さない債務を監督人の同意を得てのみ負担しなければならない。債務者は、監督人が異議を述べるときは、本来の営業に属する債務もまた負担してはならない。

　（2）監督人は、すべての入金を監督人のみが受領すること及び支払を監督人のみが履行することを債務者に対して要求することができる。

第276条【債権者委員会の協力】

　債務者が倒産手続にとり特に重要である法律的行為をおこなおうとするときは、債務者は、債権者委員会の同意を得なければならない。第160条第1項第2文、第2項、第161条第2文及び第164条は、これを準用する。

第277条【必要的同意の命令】
　（1）倒産裁判所は、債権者集会の申立てに基づいて、債務者の特定の法律行為がこれに監督人が同意するときに限り有効である旨を命じる。第81条第1項第2文、第3文、及び第82条は、これを準用する。監督人が財団債務を生じさせることに同意するときは、第61条を準用する。
　（2）命令は、債権者に対する不利益を防止するために命令が緊急に必要であるときは、別除権を有する債権者又は倒産債権者の申立てに基づいてもまたこれをおこなうことができる。この申立ては、命令のこの要件を疎明するときに限り適法とする。
　（3）命令は、これを公告しなければならない。第31条は、これを準用する。土地、登記船舶、建造中の船舶又は航空機に関する処分権、右の目的物に対する権利に関する処分権又は右の権利に対する権利に関する処分権が制限されている範囲においては、第32条及び第33条は、これを準用する。

第278条【債務者の生活のための資金】
　（1）債務者は、自己及び第100条第2項第2文に定める家族のために、債務者の従前の生活関係を考慮して質素な生活を認める資金を倒産財団から引き出す権利を有する。
　（2）債務者が自然人ではないときは、第1項は、債務者の代表権を有する無限責任社員に、これを適用する。

第279条【双務契約】
　法律行為の履行及び経営協議会の強力に関する規定（第103条乃至第128条）は、倒産管財人を債務者と読み替えて、これを適用する。債務者は、その権利をこれらの規定にしたがい監督人との合意のうえで行使しなければならない。債務者は、第120条、第122条及び第126条による権利を監督人の同意を得てのみ有効に行使することができる。

第280条【責任／倒産否認】
　監督人に限り、第92条及び第93条による責任を倒産財団に対して行使し、かつ、第129条乃至第147条にしたがい法律的行為を否認することができる。

第281条【債権者への通知】
（1）債務者は、財団目的物の目録、債権者表及び財産一覧表（第151条乃至第153条）を作成しなければならない。監督人は、目録、表及び一覧表を調査し、かつ、その調査結果にしたがい異議を申し立てるべきか否かを適時に書面により表示しなければならない。

（2）報告期日においては、債務者は、その報告をしなければならない。監督人は、その報告に対して態度を決定しなければならない。

（3）債務者は、計算書の提出（第66条、第155条）について義務を負う。第1項第2文は、これを債務者の最後計算に準用する。

第282条【担保物の換価】
（1）別除権が生じている目的物を換価する倒産管財人の権利は、債務者に帰属する。ただし、目的物及びその目的物に対する権利の確定費用は、これを徴収することができない。換価費用としては、現実に生じかつその換価に必要であった費用及び売上税のみを評価する。

（2）債務者は、その換価権を監督人と合意のうえで行使しなければならない。

第283条【倒産債権者の満足】
（1）債権の調査においては、倒産債権者のほか、債務者及び監督人は、届け出られた債権を争うことができる。倒産債権者、債務者又は監督人が争った債権は、確定されたものと看做されない。

（2）配当は、これを債務者によりおこなうものとする。監督人は、配当表を調査し、かつ、その調査結果にしたがい異議を申し立てるべきか否かを適時に書面により表示しなければならない。

第284条【倒産計画案】
（1）倒産計画案の作成についての債権者集会の申立ては、これを監督人又は債務者に対しておこなわなければならない。その申立てが債務者に対しておこなわれるときは、監督人は、助言をもって協力する。

（2）計画案履行の監督は、これを監督人の任務とする。

第285条【財団不足】
監督人は、倒産裁判所に対して財団不足を届け出なければならない。

第8編 免責

第286条【原則】
債務者が自然人であるときは、債務者は、第287条乃至第303条の規定により、倒産手続において履行されなかった倒産債権者に対する債務から免責される。

第287条【債務者の申立て】
（１）免責は、債務者の申立てを要件とする。申立ては、遅くとも報告期日において、書面により倒産裁判所に提出するか、又は、裁判所の書記課の調書に記載しなければならない。申立ては、これを倒産手続開始を求める申立てに併合することができる。

（２）申立てには、債務者が雇用関係からの給与又はこれに代わる継続的な給与を求める差押可能なその債権を倒産手続終結後の七年間について、裁判所により指定されるべき受託者に譲渡する旨の意思表示を添付しなければならない。債務者がその債権をすでに第三者に対して譲渡又は質入れしていたときは、意思表示のなかにおいて、これを指摘しなければならない。

（３）雇用関係からの給与又はこれに代わる継続的な給与を求める債務者の債権の譲渡を禁止し、条件に関わらしめ又はその他に制限する合意は、その合意が第２項第１文による譲渡表示を禁止し又は侵害することになる範囲においては、これを無効とする。

第288条【推薦権】
債務者及び債権者は、倒産裁判所に対して、問題となる個別事案に適切な自然人を受託者として推薦することができる。

第289条【倒産裁判所の裁判】
（１）最後期日においては、債務者の申立てについて倒産債権者及び倒産管

財人を審尋しなければならない。倒産裁判所は、債務者の申立てについて決定をもって裁判する。

　（２）決定に対して債務者及び最後期日において免責の拒絶を申し立てた倒産債権者は、即時抗告をすることができる。倒産手続は、決定が確定した後にはじめてこれを終結する。確定力のある決定は、これを倒産手続の終結に関する決定と同時に公告しなければならない。

　（３）倒産手続を廃止する場合は、財団不足の届出後に倒産財団が第209条により配当されかつ廃止が第211条により生じるときに限り、免責を付与することができる。第２項は、これを手続の終結を廃止と読み替えて適用する。

第290条【免責の拒絶事由】

　（１）倒産債権者が最後期日において免責の拒絶を申し立てているときは、以下の場合に、決定において免責を拒絶しなければならない。
１．債務者が刑法第283条乃至第283条ｃによる犯罪行為を原因として有罪の判決を受け、これが確定したとき
２．債務者が信用を維持し、公金からの給付を取得し又は国庫に対する給付を免れるために、倒産手続開始申立前の三年内又はその申立後に故意又は重大な過失により書面により債務者の経済状況に関する不実又は不完全な記載をおこなったとき
３．倒産手続開始申立前の一〇年内又はその申立後に債務者に免責が付与されたか、又は、免責が第296条又は第297条により拒絶されたとき
４．債務者が倒産手続開始申立前の一年内又はその申立後に故意又は重大な過失により、債務者が不当な債務を生じさせあるいは財産を浪費し又は債務者の経済状況の向上の見込みなしに倒産手続の開始を遅滞させることにより、倒産債権者の満足を妨げたとき
５．債務者が倒産手続中に故意又は重大な過失により本法による情報提供義務又は協力義務に違反したとき
６．債務者が第305条第１項第３号により提出すべき債務者の財産及び、債務者の債権者及び債務者に対して向けられる債権の目録において、故意又は重大な過失により不実又は不完全な記載をおこなったとき

　（２）債権者の申立ては、拒絶事由が疎明されるときに限り、これを適法とする。

第291条【免責の予告】

（1）第290条の要件がない場合は、裁判所は、債務者が第295条による義務を遵守しかつ第297条又は第298条による拒絶に関する要件が存しないときに、この債務者が免責される旨を決定において確認する。

（2）同じ決定において、裁判所は、差押えが許される債務者の給与が譲渡の意思表示の規定（第287条第2項）にしたがい移転する受託者を定める。

第292条【受託者の法的地位】

（1）受託者は、給与の支払義務者に債権譲渡につき通知しなければならない。受託者は、債権譲渡により取得する金額及び債務者又は第三者のその他の給付をこれらの者の財産から分離して保管し、かつ、毎年一度最後配当表に基づいて倒産債権者に対して配当しなければならない。受託者は、その受託者が債権譲渡により取得する金額及びその他の給付から、倒産手続の終結から四年経過後は一〇〇分の一〇、終結後五年経過後は一〇〇分の一五、かつ、終結後六年経過後では一〇〇分の二〇を債務者に対して支払わなければならない。

（2）債権者集会は、受託者に対して債務者の義務の履行を監督する任務を追加して委託することができる。この場合は、受託者がこの義務に対する違反を確認するときは、受託者は、債権者に遅滞なくその旨を報告しなければならない。受託者は、このためにその受託者に生じた追加の報酬が賄われているか又は前払いされている限りにおいてのみ、監督の義務を負う。

（3）受託者は、その職務の終了に際して倒産裁判所に対して会計報告をしなければならない。第58条及び第59条は、これを準用する。ただし、第59条は、倒産債権者がその解任を申し立てることができ、かつ、倒産債権者が即時抗告する権利を有するとの基準にしたがい、これを準用する。

第293条【受託者の報酬】

（1）受託者は、その活動に対する報酬及び相当な立替金の償還を求める請求権を有する。その場合は、受託者の消費時間及びその仕事量を考慮しなければならない。

（2）第64条及び第65条は、これを準用する。

第294条【債権者の平等取扱】

（1）倒産債権者の債務者の財産に対する個々の強制執行は、債権譲渡の意思表示の有効期間中はこれを許さない。

（2）個別の倒産債権者と債務者又は他の者との間の特別な利益をその倒産債権者に与えるすべての協定は、これを無効とする。

（3）債権譲渡の意思表示の対象とされる給与を求める債権に対して、その義務者は、倒産手続が継続するとした場合に第114条第2項により相殺する権限を有すると考えられる範囲においてのみ、債務者に対する債権をもって相殺することができる。

第295条【債務者の義務】

（1）債権譲渡の意思表示の有効期間中は、債務者に対して以下の義務を課す。

1．相応な生業を営むこと、及び、仕事がないときはそのような生業を得ようと努力しかつ期待できない活動を拒否すること

2．債務者が死亡に基づき又は将来の相続権を考慮して取得する財産をその価値の半分につき受託者に対して引渡すこと

3．住所又は職場のいずれの変更を遅滞なく倒産裁判所及び受託者に対して届け出ること、譲渡の意思表示の対象とされた給与及び第2号の対象とされた財産を隠匿しないこと、及び、債務者の生業又はそのような生業を得るための努力に関する情報及び債務者の給与及びその財産に関する情報を、要請のある場合には、裁判所及び受託者に対して提供すること

4．倒産債権者の満足のための支払を受託者に対してのみおこなうこと、及び、いかなる倒産債権者にも特別利益を供与しないこと

（2）債務者が独立の活動を営む場合には、債務者は、受託者に対する支払により、もし債務者が相応の雇用関係に就いていた場合に得られたであろう地位を倒産債権者に与える義務を負う。

第296条【義務違反】

（1）倒産裁判所は、債務者が債権譲渡の意思表示の有効期間中にその義務に違反しかつそれにより倒産債権者の満足を侵害するときは、倒産債権者の申立に基づき免責を拒絶する。ただし、債務者に故意過失がないときは、この

限りではない。申立ては、債権者が義務違反を知った後一年内に限りこれをおこなうことができる。この申立ては、第1文及び第2文の要件を疎明するときに限りこれを適法とする。

（2）申立てに関する裁判の前に、受託者、債務者及び倒産債権者を審尋しなければならない。債務者は、その義務の履行に関して情報を提供しなければならなず、かつ、債権者の申立てがあるときはこの情報が真実である旨を調書のうえで確約しなければならない。債務者が十分な弁解事由なくして債務者に対して裁定された期間内に情報又は宣誓に代わる確約を提供しないとき、又は、債務者が正規の呼出にもかかわらず十分な弁明理由なくして裁判所が情報の提供又は宣誓に代わる確約のために定めた期日に出頭しないときは、免責を拒絶しなければならない。

（3）この裁判に対しては、申立人及び債務者は、即時抗告をする権利を有する。免責の拒絶は、これを公告しなければならない。

第297条【倒産犯罪】

（1）債務者が最後期日と倒産手続の終結との間の期間又は債権譲渡の意思表示の有効期間中に刑法第283条乃至第283条ｃによる犯罪行為に基づいて有罪の判決を受け、かつこれが確定したときは、倒産裁判所は、倒産債権者の申立てに基づき免責を拒絶する。

（2）第296条第1項第2文及び第3文、第3項は、これを準用する。

第298条【受託者の最低報酬の保証】

（1）受託者の前年度の活動について受託者に対して支払われた金額が最低報酬を賄わなわず、かつ、受託者が債務者に対して書面により最低二週間の期間内の支払いを請求しかつその際に債務者に対して免責拒絶の可能性を指摘したにもかかわらず債務者がその不足金額を支払わないときは、倒産裁判所は、受託者の申立てに基づいて免責を拒絶する。

（2）その裁判の前には、債務者を審尋しなければならない。債務者がその請求後二週間以内に不足金額を裁判所を通じて支払うときは、拒絶は、これをおこなわない。

（3）第296条第3項は、これを準用する。

第299条【予定前の終了】

　免責が第296条、第297条又は第298条により拒絶されるときは、債権譲渡の意思表示の有効期間、受託者の職務及び債権者の権利の制限は、裁判の確定により、終了する。

第300条【免責の裁判】

　(1)　債権譲渡の意思表示の有効期間が予定前に終了することなく経過したときは、倒産裁判所は、倒産債権者、受託者及び債務者の審尋の後に決定により免責の付与について裁判する。

　(2)　第296条第1項、第2項第3文又は第297条の要件が存在するときは倒産債権者の申立てに基づいて、又は、第298条の要件が存在するときは受託者の申立てに基づいて、倒産裁判所は、免責を拒絶する。

　(3)　決定は、これを公告しなければならない。免責が付与されるときは、公告は、第9条にもかかわらず、連邦官報にその要旨を掲載してこれをおこなわなければならない。決定に対して、債務者及び第一項による審尋の際に免責拒絶を申し立てた倒産債権者は、即時抗告をする権利を有する。

第301条【免責の効力】

　(1)　免責が付与されるときは、免責は、すべての債権者に対して効力を生ずる。債権を届け出なかった債権者に対しても、同様とする。

　(2)　債務者の連帯債務者及び保証人に対する倒産債権者の権利、及び、担保のために記載された仮登記又は倒産手続において別除的満足を得ることができる権利に基づく権利は、免責により影響を受けない。ただし、債務者は、連帯債務者、保証人又は他の償還請求権者に対して倒産債権者に対するのと同様に免責される。

　(3)　債権者が免責に基づいて満足を請求することができないにも拘わらず満足を得るときは、これにより取得物の返還義務は生じない。

第302条【非免責債権】

　以下の債務は、免責の付与により影響を受けない。
1．故意におこなわれた不法行為に基づく債務者の債務。但し、債権者が第174条第2項に基づく法的原因を陳述し、相応の債権を届け出た場合に限る。

２．罰金及び第39条第１項第３号においてこれと同視される債務者の債務
３．倒産手続の費用の支払のために債務者に保証された無利息の金銭消費貸借に基づく債務

第303条【免責の撤回】

（１）債務者が故意にその義務のひとつに違反しかつこれにより倒産債権者の満足を著しく侵害したことが後に明らかになるときは、倒産裁判所は、倒産債権者の申立てに基づき免責の付与を撤回する。

（２）債権者の申立ては、免責に関する裁判の確定後一年以内にこの申立てを提起するとき、及び、第１項の要件があることならびに債権者が裁判の確定までその要件を知らなかったことを疎明するときに限り、これを適法とする。

（３）裁判の前には、債務者及び受託者を審尋しなければならない。その裁判に対しては、申立人及び債務者は、即時抗告をする権利を有する。免責を撤回する裁判は、これを公告しなければならない。

第９編　消費者倒産手続及びその他の小倒産手続

第１章　適用範囲

第304条【原則】

（１）債務者が独立した経済活動を営なまないかは又はその活動を小規模に営むにすぎない自然人であるときは、その手続には、本編に別段の定めがない限り、総則規定を適用する。債務者が独立した経済的活動を行った場合には、債務者の財産関係が一目でわかり、労働関係から何ら債権が生じないときに、第１文は適用される。

（２）第１項第２文の意味における財産関係が一目でわかる場合とは、倒産手続の開始を申立てた時に債務者の債権者の数が20人以下である場合をさす。

第2章　債務清算計画

第305条【債務者の開始申立て】

（1）債務者は、倒産手続開始の申立て（第311条）と同時に又はこの申立後遅滞なく、以下の書類を提出しなければならない。

1．適切な者又は適切な機関により交付され、かつ、計画案を基礎にした債務の清算に関する債権者との裁判外の合意が開始申立前の最後の六ヶ月内に試みられたが成功しなかった旨を明らかにした証明書。なお、州は、いかなる者又は機関が適切であると看做されるべきかを定めることができる。

2．免責の付与を求める申立書（第287条）又は免責が申し立てられるべきではないという説明書

3．現在の財産及び収入の目録（財産目録）、債権者表ならびに債務者に対する債権の目録。なお、これらの目録には、これらに記載された事項が正しくかつ完全である旨の説明書が添付されなければならない。

4．債務清算計画案。なお、計画案には、債権者の利益及び債務者の財産関係、収入関係ならびに家族関係を考慮して、相当な債務清算をおこなうのに適したすべての規律を含ませることができる。この計画案には、債権者の保証、質権ならびにその他の担保がその計画案により影響を受けるか否か及びその範囲を記載しなければならない。

（2）第1項第3号による債権目録については、債権者の債権一覧表の添付をもって替えることができる。債権者は、債務者の請求に応じて、その債権者の費用をもって債権者の債務者に対する債権の書面による一覧表を債権目録の準備のために債務者に対して交付する義務を負う。特に、債権者は、その債権額、及び、主たる債権、費用ならびに利息についてのその金額の細目を債務者に対して示さなければならない。債務者の請求は、すでに裁判所に提起されている倒産手続開始を求める申立て又は近い将来に提起される予定の申立てに関連するものでなければならない。

（3）債務者が第1項に定める説明書及び書類を完全には提出しなかったときは、倒産裁判所は、不足する部分を遅滞なく補充するように債務者に請求しなければならない。債務者が一ヶ月以内にこの請求に応じないときは、債務者の倒産手続開始の申立ては、これを取り下げられたものと看做す。第3条第3項第3文の場合には、期間は三ヶ月とする。

（4）債務者は、本章による手続においては、第1項第1文の意味における適切な者又は承認された適切な機関の所属員により倒産裁判所で代理させることができる。

（5）連邦司法省は、連邦参議院の同意を得て法規命令により、第1項第1号乃至第4号により提出すべき証明書、申立書、目録及び計画案について印刷した書面を関係人に提出する権限を与えられる。第1文により、印刷した書面が導入された場合に限り、債務者はそれを使用しなければならない。手続が機械で処理されない裁判所の手続には、異別の印刷書面を導入することができる。

第305条 a【裁判外の債務清算の失敗】

債務清算について、裁判外で債権者との同意を得ようとする試みは、裁判外の債務清算についての協議がなされた後に、債権者が強制執行を行う場合には、失敗したものとみなす。

第306条【手続の休止】

（1）倒産手続の開始を求める申立てに関する手続は、債務清算計画案についての決定まで休止する。休止期間は、三か月を超えてはならない。

（2）第1項は、保全処分に関する命令に影響を与えない。

（3）債権者が手続の開始を申し立てたときは、倒産裁判所は、開始について決定する前に、同様に申立てをする機会を債務者に与えなければならない。債務者が申立てをするときは、第1項は、債権者の申立てにも適用される。

第307条【債権者への送達】

（1）倒産裁判所は、債務者により氏名を掲げられた債権者に対して財産目録、債権者表、債権目録及び債務清算計画案を送達し、かつ、同時に債権者に対して一ヶ月の法定期間内に目録及び債務清算計画案に対して意見表明するように要求する。同時に、債権者に対しては、第308条第3項第2文の効果を明確に指摘するとともに、第1文による期間内に債権目録にある債権者の債権についての記載を検査しかつ必要な場合にその記載を補充する機会を与えなければならない。第1文による送達には、第8条第1項第2文、第3文、第2項及び第3項を適用しない。

（2）第1項第1文による期間内に債権者の意見表明が裁判所に到達しないときは、債務清算計画案に同意したものと看做される。このことは、倒産裁判所の意見表明の請求において指摘しなければならない。

（3）債権者の意見表明が原因となり必要であるか又は債務清算計画案の同意の推進に意味があると思われるときは、第1項第1文による期間の経過後に、裁判所により定められた期間内に債務清算計画案を変更又は補充する機会を債務者に対して与えなければならない。この変更又は補充は、必要であるときに限り、これを債権者に送達しなければならない。第1項第1文、第3文及び第2項は、これを準用する。

第308条【債務清算計画案の採用】

（1）債権者が債務清算計画案に異議を提起しなかったか又は第309条にしたがい同意が置き換えられたときは、債務整理計画案は承諾されたものと看做し、倒産裁判所は、決定をもってこれを確定する。債務清算計画は、民事訴訟法第794条第1項第1号の意味における和解の効力を有する。債務清算計画の正本及び第1文による決定の正本は、これを債権者及び債務者に送達しなければならない。

（2）倒産手続開始の申立て及び免責付与の申立ては、これを取下げられたものと看做す。

（3）債権者は、債権が債務者の目録に含まれておらず、かつ、債務清算計画の成立の際に補充的にも考慮がなされなかった限りにおいて、債務者に履行を請求することができる。債権が法定期間の経過前に成立していたのにもかかわらず、債権者が第307条第1項により裁判所により債権者に送達された債権目録にある債権についての記載をこの期間内に補充しなかったときは、この限りではない。債権は、その限度において消滅する。

第309条【同意との置き換え】

（1）氏名を掲げられた債権者の過半数が債務清算計画案に同意し、かつ、同意した債権者の請求権総額が氏名を掲げられた債権者の請求権総額の過半数を超えるときは、倒産裁判所は、債権者又は債務者の申立てに基づいて債務清算計画案に対する債権者の異議を同意と置き換えることができる。以下の場合は、この限りではない。

１．異議を提起した債権者が他の債権者との関係で適切な関与を認められていないとき
２．異議を提起した債権者が倒産手続開始又は免責付与の申立てに関する手続が実施されたときの状態よりも、債務清算計画案により経済的に劣悪な状態に置かれるとき。なお、この場合に疑いのあるときは、第１文による申立時における債務者の所得関係、財産関係及び家族関係を手続の全期間中において基準としなければならない。

（２）裁判の前には、債権者を審尋しなければならない。債権者は、異議の同意への置換えを第１項第２文により妨げる事由を疎明しなければならない。申立人及び同意が置き換えられる債権者は、その裁判に対して即時抗告をする権利を有する。第４条ａ第２項を準用する。

（３）債権者が債務者により提出された債権の存否、又は、その債権が提示された金額より高額又は低額であるかどうかの重大な疑いを生じさせる事実を疎明し、かつ、債権者が他の債権者との関係で適切な関与を認められているか否か（第１項第２文第１号）が訴訟の結果に依存するときは、この債権者の同意を置き換えることはできない。

第310条【費用】

債権者は、債務清算計画案との関係においてこれに生じた費用の償還請求権を債務者に対して有しない。

第３章　簡易倒産手続

第311条【開始申立てに関する手続の開始】

第309条により裁判上の同意と置き換えられない異議が債務清算計画案に対して提起されるときは、開始申立てに関する手続は、職権により再び開始する。

第312条【一般的な手続の簡易化】

（１）公告は、要約に行われる。第９条第２項は適用されない。倒産手続の開始に際しては、第29条とは異なり調査期日のみが定められる。手続が債務者の申立てにより開始された場合には、第88条に定める期間は三ヶ月とする。

（2）債務者の財産関係が掌握可能でありかつ債権者数又は債務額がわずかであるときは、倒産裁判所は、手続又はその一部を書面により実施することを命じることができる。この裁判所は、この命令をいつでも取り消し又は変更することができる。

（3）倒産処理計画に関する規定（第217条乃至第269条）及び自己管理に関する規定（第270条乃至第285条）は、これを適用することができない。

第313条【受託者】

（1）倒産管財人の職務は、受託者（第292条）がこれを代行する。受託者は、第291条第二項の定めとは異なり、あらかじめ倒産手続開始のときにこれを定める。第56条乃至第66条は、これを準用する。

（2）第129条乃至第147条による法律的行為の否認については、受託者ではなくして、各倒産債権者がその権利を有する。債権者に生じた費用は、これを債権者に取得物から優先的に償還しなければならない。債権者集会が債権者に否認を委託したときは、生じた費用を取得物により賄うことができない限りにおいて、この費用を倒産財団からその債権者に償還しなければならない。

（3）受託者は、質権又はその他の別除権の対象である目的物に関する換価権を有しない。その換価権は、債権者に帰属する。

第314条【簡易な配当】

（1）倒産裁判所は、受託者の申立てに基づいて、倒産財団の換価を全部又は一部おこなわない旨を命じる。この場合に、裁判所は、倒産債権者に配当されるはずであった財団の価値に相当する金額を裁判所により定められた期間内に受託者へ支払うことを債務者に対して併せて課さねばならない。倒産財団の換価が特に債権者の利益のために必要であると思われるときは、この命令をおこなわないものとする。

（2）裁判の前には、倒産債権者を審尋しなければならない。

（3）免責の付与を求める債務者の申立てに関する裁判（第289条乃至第291条）は、第1項第2文により定められた期間の経過後にはじめておこなわなければならない。第1項第2文により支払われるべき金額が裁判所が免責拒絶の可能性を指摘して設定した二週間の期間がさらに経過した後においても支払われないときは、裁判所は、倒産債権者の申立てに基づいて残債務の免責を拒絶

する。裁判の前には、債務者を審尋しなければならばならない。

第10編　特殊な倒産手続

第1章　相続財産倒産手続

第315条【土地管轄】
　相続財産に関する倒産手続については、被相続人がその死亡時にその普通裁判籍を有する区域の倒産裁判所は、専属的に土地管轄権を有する。被相続人の独立した経済活動の中心地が他の場所にあったときは、この場所がある区域の倒産裁判所は、専属的に管轄権を有する。

第316条【開始の許可】
　(1) 倒産手続の開始は、相続人が相続をいまだに承認していないこと、又は、相続人が相続財産債務について無制限に責任を負っていることにより排除されない。
　(2) 複数の相続人がいるときは、手続の開始は、相続財産の分割後においても許される。
　(3) 相続分に関しては、倒産手続は、これをおこなわない。

第317条【申立権者】
　(1) 相続人、相続財産管理人、その他の遺産保護人、相続財産の管理権を有する遺言執行者及び相続債権者は、倒産手続の開始を求める申立てについて権限を有する。
　(2) 申立てがすべての相続人により提起されない場合は、その申立ては、開始原因が疎明されるときにこれを適法とする。倒産裁判所は、その他の相続人を審尋しなければならない。
　(3) 遺言執行者が相続財産の管理権を有する場合は、相続人が開始を申立てるときは遺言執行者を、遺言執行者が申立てを提起するときは相続人を審尋しなければならない。

第318条【合有財産の場合の申立権】

（1）相続財産が夫婦財産共同制の合有財産に属するときは、相続人である配偶者及び相続人ではないが合有財産を単独で又はその配偶者とともに管理している配偶者は、相続財産に関する倒産手続の開始を申し立てることができる。他方の配偶者の同意は、これを必要としない。配偶者は、夫婦財産共同制が終了するときであっても申立権を失わない。

（2）申立てが双方の配偶者により提起されないときは、申立ては、開始原因が疎明されるときにこれを適法とする。倒産裁判所は、他方の配偶者を審尋しなければならない。

第319条【申立期間】

倒産手続の開始を求める相続債権者の申立ては、相続の承認から二年が経過したときはこれを不適法とする。

第320条【開始原因】

相続財産に関する倒産手続の開始原因は、支払不能及び債務経過とする。相続人、相続財産管理人あるいはその他の遺産保護人又は遺言執行者が手続の開始を申し立てるときは、支払不能の虞れもまた開始原因とする。

第321条【相続発生後の強制執行】

相続の開始後におこなわれた相続財産に対する強制執行は、別除的満足の権利を与えるものではない。

第322条【相続人の否認しうる法律的行為】

相続人が倒産手続開始前に遺留分請求権、遺贈又は負担を相続財産により履行したときは、この法律的行為は、債務者の無償給付と同様の方法によりこれを否認することができる。

第323条【相続人の費用】

相続人は、民法第1978条、第1979条により相続財産から償還されるべき費用に基づいては留置権を有しない。

第10編　特殊な倒産手続　183

第324条【財団債務】
（1）第54条、第55条に掲げられた債務のほかに、以下のものを財団債務とする。
1．民法第1978条、第1979条により相続財産から相続人に償還されるべき費用
2．被相続人の埋葬費用
3．被相続人の死亡宣告の場合に相続財産の負担とされる手続費用
4．被相続人の死因処分の開始費用、裁判上の相続財産保全費用、遺産保護の費用、相続債権者の公示催告の費用及び財産目録作成費用
5．遺産保護人又は遺言執行者によりおこなわれた法律行為から生じる債務
6．遺産保護人、遺言執行者又は相続を放棄した相続人に対してこれらの者の事務遂行から相続人につき生じた債務で、これらの者がこの事務を相続債権者のために遂行すべきであったとすれば相続債権者が義務を負うはずであった範囲のもの
（2）財団不足の場合に、第1項に掲げられた債務は、第209条第1項第3号の順位を有する。

第325条【相続財産債務】
相続財産に関する倒産手続においては、相続財産債務のみを行使することができる。

第326条【相続人の請求権】
（1）相続人は、その者が被相続人に対して有する請求権を行使することができる。
（2）相続人が相続財産債務を履行したときは、相続人は、その履行が民法第1979条により相続財産の負担でなされたものと認められない範囲において、債権者に代位する。ただし、相続人が相続財産債務について無限責任を負っているときは、この限りではない。
（3）相続人が個々の債権者に対して無限責任を負っている場合は、その債権者がその債権を行使しないときは、この相続人は、その債権を行使することができる。

第327条【劣後的債務】

（1）以下の債務は、第39条に掲げられた債務に後れた順位及び以下の順序により、同一順位では債務金額に応じてこれを履行する。

1．遺留分権者に対する債務
2．被相続人によりおこなわれた遺贈及び負担に基づく債務
3．相続代償請求権者に対する債務

（2）民法230条による遺留分に対する受遺者の権利を排除する遺贈は、その遺贈が遺留分を超えない限り、遺留分権と順位が等しいものとする。被相続人が死因処分によりある遺贈又は負担を他の遺贈又は負担より前に履行すべき旨を定めているときは、その遺贈又は負担は、優先順位を有する。

（3）公示催告手続により排除された債権者に対する債務又は民法第1974条により排除された債権者と同視される債権者に対する債務は、第39条に掲げられた債務に後れて、かつ、その債務が第1項に掲げられた債務の属する限りではその債務が制限を受けなければ同順位を有するはずの債務に後れて、これを履行する。その他には、制限により順位が変更されることはない。

第328条【返還された目的物】

（1）被相続人がなした又はこの者に対してなされた法律的行為の否認の結果として倒産財団に返還されたものは、第327条に掲げられた債務の履行にこれを供してはならない。

（2）公示催告手続により排除された債権者又は民法第1974条により排除された債権者と同視される債権者は、相続人が民法第1978条乃至第1980条に基づいて財団に対して賠償しなければならないものを、この相続人が不当利得の返還に関する規定によったとしても賠償義務があるとされる範囲においてのみ、請求することができる。

第329条【後位相続】

第323条、第324条第1項第1号及び第326条第2項、第3項は、これを後位相続の生じた後においても先位相続人に適用する。

第330条【相続財産の売却】

（1）相続人が相続財産を売却したときは、買主は、倒産手続について相続

人に代位する。

（2）相続人は、この相続人と買主との間の関係においてはこの買主の負担になる相続財産債務に基づいて、相続債権者と同じく手続開始を求める申立てをおこなう権利を有する。ただし、相続人が無限責任を負っているとき、又は相続財産管理が命じられているときは、この限りではない。第323条、第324条第1項第1号及び第326条は、これを相続財産の売却後においても相続人に適用する。

（3）第1項及び第2項は、ある者が契約により取得した相続財産を売却した場合、又は、ある者がこの者に帰属した相続財産又は他の方法でこの者が取得した相続財産の譲渡義務をその他の方法により負担した場合に、これを準用する。

第331条【相続人の同時倒産】

（1）相続人の財産に関する倒産手続においては、相続財産についても倒産手続が開始するとき又は相続財産管理が命じられているときは、第52条、第190条、第192条、第198条、第237条第1項第2文は、これを相続人が無限責任を負っている相続債権者に適用する。

（2）一方の配偶者が相続人でありかつ相続財産が他方の配偶者が単独で管理する合有財産に属するときの他方の配偶者の財産に関する倒産手続、及び、配偶者が合有財産を共同に管理しているときの合有財産に関する倒産手続ならびに相続人ではない配偶者のその他の財産に関する倒産手続においては、前項と同一に取り扱うものとする。

第2章　継続的夫婦財産共同制の合有財産に関する倒産手続

第332条【相続財産倒産手続への指示】

（1）継続的夫婦財産共同制の場合は、第315条乃至第331条は、これをその合有財産に関する倒産手続に準用する。

（2）倒産債権者は、継続的財産共同制が生じた時点において合有財産債務として存在していた債権の債権者のみとする。

（3）持分権を有する卑属は、手続開始を申し立てる権利を有しない。ただし、倒産裁判所は、開始申立てについて卑属を審尋しなければならない。

第3章　夫婦財産共同制の共同管理合有財産に関する倒産手続

第333条【申立権／開始原因】
（1）合有財産からの債務の履行を請求することができる債権者は、配偶者が共同に管理している夫婦財産共同制の合有財産に関する倒産手続の開始を求める申立てをおこなう権利を有する。

（2）配偶者は、また申立権を有する。申立てが両配偶者により提起されるのではないときは、その申立ては、合有財産の支払不能を疎明するときに適法とする。倒産裁判所は、他方の配偶者を審尋しなければならない。申立てが両配偶者により提起されるときは、支払不能の虞れもまた開始原因とする。

第334条【配偶者の人的責任】
（1）合有財産からの履行を請求できる債務に対する配偶者の人的責任は、倒産手続の続行中においては倒産管財人及び監督人のみがこれを主張することができる。

（2）倒産処理計画の場合は、第227条第1項は、これを配偶者の人的責任に準用する。

第11編　国際倒産法

第1章　総　則

第335条【原則】
倒産手続とその効果は、本法に別段の定めがない限り、手続が開始された国の法律に従う。

第336条【不動産に関する契約】
不動産に関する物的権利又は不動産の利用に関する権利についての契約に対する倒産手続の効力は、その目的物が存する国の法律に従う。船舶登録簿、建造船舶登録簿又は航空機の質権についての登録簿に登録される物件は、その登録を管理する国の法律に従う。

第337条【労働関係】
　労働関係に対する倒産手続の効果は、民法施行法に従って労働関係に適用される法律に従う。

第338条【相殺】
　債務者の債権に適用される法律が、倒産手続開始時に相殺を認めている場合には、倒産債権者の相殺権は、倒産手続の開始に影響されない。

第339条【倒産否認】
　手続開始国の法律に従えば、倒産否認の要件が具備している場合には、法律的行為は否認することができる。但し、否認の相手方がその法律的行為については他の国の法律が適用され、かつこの法律的行為がその国の法律により何ら取消しができないことを立証した場合には、その限りではない。

第340条【証券市場】
　（1）証券取引法第2条第5項による組織された市場への参加者の権利及び義務に対する倒産手続の効力は、この市場に適用される国の法による。
　（2）商法第340条ｂの買戻契約に対する倒産手続の効力並びに債務変更契約及び相殺合意に対する倒産手続の効力は、これらの契約に適用される国の法律に従う。
　（3）信用法第1条16項の意味におけるシステムへの参加者については、第1項が準用される。

第341条【債権者の権利行使】
　（1）債権者は誰もが主手続及び従手続において自己の債権の届出をすることができる。
　（2）倒産管財人は、その者が選任された手続において届け出られた債権を、債務者の財産に関して開始された他の倒産手続において届出する権限を有する。届出を拒絶したり又は取り下げたりする債権者の権利はなんら制限を受けない。
　（3）管財人は、その者が選任された手続において届出された債権による議決権を、債務者の財産に関する他の倒産手続において行使する権限を有する。

但し、債権者が異なる決定をする場合にはこの限りではない。

第342条【引渡義務・算入】
（1）倒産債権者が、強制執行、債務者の弁済により又はその他の方法で例えば手続開始国に存しない財産から倒産財団の費用により満足を得た場合には、その利得した物を倒産管財人に引き渡さなければならない。この場合には、不当利得の法的効果に関する規定を準用する。

（2）倒産債権者は、他国で開始された倒産手続において取得したものを保有することができる。しかしながら、その債権者がその他の債権者と同列にある場合には、配当に際して斟酌されることになる。

（3）倒産債権者は、倒産管財人の要求がある場合には、その者が取得した物についての情報を提供しなければならない。

第2章　外国の倒産手続

第343条【承認】
（1）外国の倒産手続の開始は、次の場合を除き、承認される。
　1．手続開始国の裁判所がドイツ法によれば管轄権を有しない場合
　2．承認することが、ドイツ法の重要な諸原則と明らかに一致しない結果に至る場合

（2）第1項は、倒産手続開始の申立てによりなされた保全処分について準用される。並びに承認された倒産手続の実施又は終結について下された裁判についても同様とする。

第344条【保全処分】
（1）外国において主手続の開始前に保全管財人が選任された場合には、その者の申立てに基づき、管轄権を有する倒産裁判所は、国内の従倒産手続により把握されている財産の保全のために必要と思われる処分を第21条によって命ずることができる。

（2）この保全処分の決定に対しては、保全管財人も即時抗告することができる。

第345条【公示】

（1）倒産手続開始の要件が具備する場合には、倒産裁判所は、外国の倒産管財人の申立てに基づき手続開始に関する裁判及び倒産管財人の選任に関する裁判の重要な内容を国内において公示しなければならない。第9条第1項及び第2項並びに第30条第1項は準用される。倒産手続開始が公示された場合には、その終結についても同じ方法で公示されなければならない。

（2）債務者が国内に住所を有する場合には、公示は職権により行われる。倒産管財人又は商法第13条e第2項第4文第3合による常置代理人は、第348条1項により管轄裁判所に通知をしなければならない。

（3）この申立ては、倒産手続の承認に関する事実上の要件が具備することが疎明された場合に限り、許される。管財人には、公示を命ずる決定の謄本が付与される。公示を拒否する倒産裁判所の裁判に対しては、外国の管財人も即時抗告ができる。

第346条【登記】

（1）公示又は第343条第2項又は第344条による保全処分の命令により債務者の処分権限が制限される場合には、倒産裁判所は外国の倒産管財人の申立てに基づき法務局に、倒産手続の開始と債務者の処分権限の制限の内容を登記簿に記載するよう嘱託しなければならない。

 1．債務者が所有者として登記されている不動産
 2．権利の種類及び態様により、登記をしないと倒産債権者が不利益を受けるおそれがある場合には、不動産上に登記されている権利及びその登記された権利の上の権利

（2）第1項による申立ては、外国倒産手続開始の承認についての事実上の要件が具備している場合に限り、許される。倒産裁判所の裁判に対しては外国の管財人も即時抗告ができる。登記の抹消については、第32条第3項第1文を準用する。

（3）船舶登録簿、建造船舶登録簿及び航空機の質権の登録簿に対する倒産手続開始の記入については、第1項及び第2項を準用する。

第347条【管財人地位の証明、裁判所への通知】

（1）外国の倒産管財人は、その地位を、選任する裁判の信用力ある謄本又

はその他の管轄権を有する官署から発行された証明書により証明するものとする。倒産裁判所は、これについて手続開始国において権限を有する者が認証する翻訳文を要求することができる。

（２）第344条乃至第346条による申立てを行った外国の倒産管財人は、外国の手続における全ての重要な変更及び債務者の財産に関するすでに公知の全ての外国の倒産手続について倒産裁判所に通知しなければならない。

第348条【倒産裁判所の管轄】

（１）第344条乃至第346条による裁判については、その管轄区域内に営業所を有するか、又は営業所を有しない場合には、債務者の財産が存在する倒産裁判所が専属管轄を有する。第３条第２項は準用される。

（２）州の政府は、手続の適格な遂行又は迅速な処理のために法規命令により、第344条乃至第346条による裁判を、競合する倒産裁判所の一つに割り当てる権限を有する。州の政府はかかる権限を州の司法省に委譲することができる。

（３）複数の州が、第344条乃至第346条による裁判を複数の州のうちのある州の特定の裁判所に割り当てることができる。第344条乃至第346条による申立てが、管轄権のない裁判所になされた場合には、この裁判所は申立てを遅滞なく管轄権を有する裁判所に移送し、これについては申立人に対して通知しなければならない。

第349条【不動産の処分】

（１）債務者が、国内において不動産登記簿、船舶登録簿、建造船舶登録簿又は航空機の質権の登録簿に登録されている、倒産財団に属する財産又はかかる財産に対する権利について処分した場合には、民法第878条、892条、893条、船舶又は建造船舶の登録に関する法律第３条第３項、第16条、第17条及び航空機に対する権利に関する法律第17条が適用される。

（２）国内における請求権の保全のために不動産登記簿、船舶登録簿、建造船舶登録簿又は航空機の質権の登録簿に対して仮登記をすることができる。第106条は影響を受けない。

第350条【債務者への引渡】

国内において義務の履行のために債務者に給付がされた場合には、この義務が外国の倒産手続の倒産財団のために履行された場合であっても、給付者が引渡の時点で手続の開始を知らなかった場合には、給付者は免責される。給付者が第345条による公示の前に給付した場合には、その者は公示を知らなかったものと推定される。

第351条【物的権利】

（1）外国の倒産手続開始時に国内にあり、かつ国内の法律によれば取戻権又は別除権が保証されている倒産財団に属する財産に対する第三者の権利は、外国の倒産手続が開始されても影響を受けない。

（2）国内にある不動産に対する債務者の権利に対する外国の倒産手続の効力は、第336条第2文に拘わらず、ドイツの法律によって決定される。

第352条【訴訟の中断と承継】

（1）外国の倒産手続の開始により、手続開始時にすでに係属し、かつ倒産財団に関する訴訟は中断する。この中断は、手続開始国の法律により訴訟遂行について権限を有する者により訴訟が承継されるか、又は倒産手続が終結するまで係属する。

（2）第1項は、債務者の財産に関する管理処分権が第343条第2項により保全処分の命令により保全管財人に移行する場合にも準用される。

第353条【外国裁判の執行】

（1）外国の倒産手続において下された裁判に基づく強制執行は、強制執行の適法性が執行判決により認められた場合に限り、許される。民事訴訟法第722条第2項及び第723条第1項は準用される。

（2）第343条第2項に規定されている保全処分については、第1項が準用される。

第3章　国内の財産に関する特別手続

第354条【特別手続の要件】
（1）債務者の全財産についての倒産手続の開始についてドイツの裁判所が管轄権を有しないが、しかしながら債務者が国内において営業所又はその他の財産を有する場合には、債権者の申立てがあれば、債務者の国内の財産については特別の倒産手続（特別手続）が認められる。

（2）債務者が国内に営業所を有しない場合には、債権者による特別手続の開始の申立ては、債務者がこの手続の開始に対して特別の利益を有する場合、特に、債務者が外国の手続においては国内の手続に比べて著しく不利益を受けると見込まれる場合に、認められる。この特別の利益については申立人が疎明しなければならない。

（3）手続については、その管轄区域内において住所を有するか、又は営業所がない場合には、債務者の財産が存する場合に、その倒産裁判所が専属管轄を有する。第3条第2項が準用される。

第355条【免責・倒産計画】
（1）特別手続には、免責に関する規定は適用されない。

（2）債権者の支払猶予、免除又はその他の制限が定められている倒産計画は、全ての関係債権者がこの計画に同意した場合に限り、この特別手続において認可される。

第356条（従倒産手続）
（1）外国の主倒産手続の承認は、国内の財産に関する従倒産手続を排除するものではない。従倒産手続には、第357条及び第358条が補充的に適用される。

（2）従倒産手続の開始の申立てについては、外国の倒産管財人も権限を有する。

（3）従倒産手続は、開始原因の確定を要せずして開始される。

第357条【倒産管財人の協力】
（1）倒産管財人は、外国の手続の遂行につき意義があると思われる全ての

事情を外国の管財人に遅滞なく通知しなければならない。管財人は、外国の管財人に対して、国内の財産の換価又はその他の使用について提案する機会を与えなければならない。
　(2) 外国の管財人は、債権者集会に参加する権限を有する。
　(3) 倒産計画は、外国の管財人に意見陳述の機会を与えなければならない。外国の管財人は、独自に倒産計画を提出する権限を有する。第218条第1項第2文、第3文は準用される。

第358条【最後配当における剰余金】

　従倒産手続における最後配当において、全ての債権が全額満足する場合には、倒産管財人は、残った剰余金を外国の主倒産手続の管財人に引き渡さなければならない。

第12編　施　行

第335条【施行法への指示】

　本法は、倒産法施行法により定められる日に施行される。

索　引

あ

異議	26
一般的処分禁止	16
一般的処分禁止命令	17
受け皿会社	46

か

外国倒産手続の承認	79
開始決定	18
開始決定の要件	17
開始原因	4
解約告知	39
拡張された所有権留保	37
株式会社	9
換価	6
換価権の行使	65
監督人	64
管理・処分権	20
機関説	23
企業譲渡による再建	46
企業の再建	45
企業の清算	45
逆倒産手続	71, 80
強制管理	21
強制競売	21
強制和議	44
協力義務	19, 62
区裁判所	4, 9
組合	9
計画履行の監視	56
継続的価値	46
権利変更部分	8, 48, 50
故意否認	32

| 国際裁判管轄 | 70 |
| 国際倒産法 | 72 |

さ

再建	3, 44
債権確定の訴え	27
債権者委員会	41, 53, 65
債権者自治	3
債権者集会	11, 25
債権者代理人説	23
債権届出	12, 53, 79
債権届出期間	5
債権表	24
最後配当	41
――のための債権者集会	12
最後配当表	62
財産の目録	6
財産目録	52
財団債権者	13
財団債務	37
財団不足	18
――による廃止	42
債務者自身の再建	3
債務者代理人説	23
債務整理計画	67
債務超過	4, 15
自己管理	64
執行名義	27
支配権	38
支払不能	4, 15
――の虞れ	4, 15
終結	42
修正普遍主義	70
受託者	60

主倒産手続	71	——の効力	56
少額倒産手続	66	——の提出	51
譲渡担保	29	——の認可	8, 56
譲渡による再建	3	倒産計画制度	44
消費者倒産手続	66	倒産原因	15
情報提供義務	19, 62	——の欠如による廃止	43
職務説	23	倒産債権者	8, 10, 24
所有権留保	29, 37	倒産債権の審査期日	12
清算	3	倒産債権の調査	25
清算価値	46	倒産債権の届出	25
説明部分	8, 48	倒産財団	5, 20, 22
宣言書	52	——の確定	26
先行判決制度	69	倒産裁判所	10
選択権	36	——の事務課	19
相殺	35, 78	倒産手続開始の申立て	4
相殺適状	35	倒産手続費用	43
相続財産	9	動産に対する別除権	29
双務契約	36	倒産否認	30, 78
訴訟行為	31	倒産法委員会	1
		倒産法改革	44
た		倒産法施行法	72
第一回債権者集会	5	投票期日	53, 54
立替金	18	特定原則	39
段階計画	46	特別倒産手続	80
単純な所有権留保	37	特別な所有権留保	37
担保の譲渡	38	特別の別除権	29
チャップター・イレブン	2, 7	取戻権	28
中間配当	41		
調査期日	25, 53	**は**	
追加配当	41	廃止	41
強い保全管財人	31	配当	6
停止条件付債権者	54	——による終結	41
手続の廃止	42	配当表	6, 41
手続費用	18	破産法	1
ドイツの国際倒産法	77	非本旨弁済	34
同意による廃止	43	非劣後的債権者の債権	50
討議期日	53, 54	フォーゲル	1
倒産管財人	5, 10, 18, 22	物的権利	20
倒産計画	2, 42	不動産に対する別除権	29

索　引　195

普遍主義原則	70	免責の要件	60
並行倒産手続	78	免責付与の裁判	63
別除権	6, 28, 50	申立て	4
別除権者	8, 46	目的物の目録	21
妨害禁止	57		
包括執行法	1	**や**	
包括的譲渡担保	38	有限会社	9
報告期日	12	要求された所有権留保	38
報酬	10	ヨーロッパ国際倒産条約	68
法人格のない団体	9	ヨーロッパ倒産手続規則	69
法律行為の履行	36	ヨーロッパ連合（EU）	81
法律的行為	13, 31	予納金の償還	18
保全管財人	4, 47, 80	弱い保全管財人	31
──の任命	16		
保全処分	4, 16, 47	**ら**	
保全処分命令	80	劣後的債権者の債権	51
本旨弁済	33	劣後的倒産債権	11
		連邦官報	2
ま		労働契約	39
無償給与	33	労働者の地位	39
無償贈与否認	32		
無体財産権	20	**わ**	
免責拒絶事由	61	和議法	1
免責制度	59		

著者紹介

吉野正三郎（よしの しょうざぶろう）

- 昭和26年　新潟県長岡市に生れる
- 昭和48年　学習院大学法学部卒業
- 昭和53年　DAAD（ドイツ学術交流会）の奨学生として，フライブルク大学法学部に留学
- 昭和56年　ドイツ・フライブルク大学法学博士
- 昭和56年　早稲田大学大学院博士課程修了
- 昭和58年　立命館大学法学部助教授
- 平成元年　東海大学法学部教授
- 平成2年　東京弁護士会弁護士登録
- 平成8年　筑波大学より法学博士号を授与される
- 平成15年　青森大学大学院教授
- 現　在　ミネルヴァ経営法務研究所所長

主要著書

- 『西ドイツ民事訴訟法の現在』（成文堂，1990年）
- 『民事訴訟における裁判官の役割』（成文堂，1990年）
- 『レービンダー・法社会学』（監訳）（晃洋書房，1990年）
- 『集中講義民事訴訟法』（成文堂，1990年；第4版，2007年）
- 『ドイツ民事訴訟法』（共著）（晃洋書房，1990年）
- 『ドイツ民事訴訟法の新展開』（晃洋書房，1991年）
- 『アウトライン民事執行法』（東京法経学院出版，1991年）
- 『集中講義破産法』（成文堂，1991年；第三版，1998年）
- 『破産法30講』（成文堂，1991年）
- 『テキストブック現代司法』（共著）（日本評論社，1992年；第三版，1997年）
- 『ECの法と裁判』（成文堂，1992年）
- 『ケーススタディ民事訴訟法』（共著）（日本評論社，1994年）
- 『民事訴訟法のアポリア』（成文堂，1995年）
- 『EC市場統合と企業活動の法的規制』（共編）（成文堂，1995年）
- 『民事訴訟法のトピークス』（晃洋書房，2007年）

ドイツ倒産法入門

2007年7月10日　初版第1刷発行

著　者	吉野　正三郎
発行者	阿部　耕一

162-0041　東京都新宿区早稲田鶴巻町514番地

発行所　株式会社　成文堂

電話 03(3203)9201(代)　振替00190-3-66099

製版・印刷　シナノ印刷　　製本　弘伸製本

©2007 S. Yoshino　Printed in Japan

☆乱丁・落丁本はおとりかえいたします☆　検印省略

ISBN978-4-7923-2521-3 C3032

定価（本体2500円＋税）